CHI KUNG
WEG DER HEILUNG

CHI KUNG
WEG DER HEILUNG

Wie Sie Ihre Gesundheit und Heilkräfte stärken

LAM KAM CHUEN

Copyright © 1999 Gaia Books Limited, London
Text Copyright © 1999 Master Lam Kam Chuen
Titel der Originalausgabe: The Way of Healing

Deutsche Erstausgabe
Copyright © 1999 Joy Verlag GmbH, D-87477 Sulzberg

ILLUSTRATIONEN
Bridget Morley, Tony Lodge, Michael Posen

KALLIGRAPHIE
Master Lam Kam Chuen

FOTOS
Deni Bown

UMSCHLAGGESTALTUNG
Kuhn Grafik und Buchdesign, Zürich (Foto Deni Bown)

ÜBERSETZUNG
Martin Rometsch

SATZ
Tomek Twardowski, Marktoberdorf

DRUCK
Kyodo Printing Co. Ltd, Singapore

ISBN 3-92855-37-9

10 9 8 7 6 5 4 3 2 1

WICHTIGER HINWEIS Die Methoden, Ideen und Anregungen in diesem Buch sind kein Ersatz für eine medizinische Behandlung. Konsultieren Sie immer einen Arzt, wenn Sie krank sind.

Chi Kung

Dieses Buch ist dem Begründer
des Zhan Zhuang Chi Kung,
dem Großmeister Wang Xiang Zhai,
und allen, die nach Gesundheit streben,
gewidmet.

INHALT

Einführung 8

TEIL EINS
DAS INNERE MEER:
Bewahren Sie Ihre Gesundheit

Einführung 22
Chi 24
Das Chi sammeln 26
Das Chi wecken 28
Die innere Wärme stärken 30
Die innere Kraft stärken 32
Die Position der Ur-Energie 34
Die Mitte finden 36
Den Geist beruhigen 38
Die beiden Kräfte 40
Der volle Bauch 42

TEIL ZWEI
DER GROSSE FLUSS:
Vergrößern Sie Ihre Energie

Einführung 48
Langes Leben 50
Seide aus dem Kokon ziehen 52
Die goldene Kugel rollen 54
Die goldene Kugel drehen 56
Zum Mond zurückblicken 58
Die Hände wie Wolken bewegen 62
Greifen und Zurückziehen 66
Schieben und Stoßen 70

TEIL DREI
AUF DEN WELLEN REITEN:
Mit der inneren Kraft arbeiten

Einführung 76
Den Ballon halten 78
Die Galaxis 84

Nach außen öffnen 86
Seitwärts ausstrecken 90
Die gesamte Sequenz 94
Die goldene Kugel stärken 96
Der Tiger und der Berg 98
Der Schmetterling 104

TEIL VIER

DIE HINDERNISSE BESEITIGEN:
Sich selbst und andere heilen

Einführung 108
Segnende Hände 110
Die beiden Pole 112
Die fünf Energien 114
Die heilende Energie des Metalls 116
Die heilende Energie des Wassers 118
Die heilende Energie des Holzes 120
Die heilende Energie des Feuers 122
Die heilende Energie der Erde 124
Blutergüsse auflösen 126
Zerrungen und Verstauchungen behandeln 128
Rückenschmerzen lindern 130
Kopfschmerzen lindern 132

TEIL FÜNF

RÜCKKEHR ZUR QUELLE:
Wieder gesund werden

Einführung 136
Die Unsterblichen 138
Das Chi sammeln 140
Das Chi stärken 142
Das Reservoir füllen 146
Seide aus dem Kokon ziehen 148
Die ersten Bewegungen 150
Kristalle 154

Über den Autor 156
Register 158
Danksagungen 159

Einführung

Die Energie des menschlichen Körpers ist die Grundlage unserer Gesundheit. Wenn wir viel Energie haben, ist unser Immunsystem stark. Nimmt unsere Energie ab, werden wir verwundbar.

Es gibt keine Heilung ohne Energie. Diese Energie können wir auf verschiedene Weise gewinnen; doch letztlich liefern unsere Energiereserven die innere Kraft, die uns gesund erhält und Krankheiten überwindet.

Energie ist das Fundament des Lebens. Ohne Energie sterben wir. Alle Zellen des Körpers sind auf Energie angewiesen. Energie sorgt dafür, daß sie ständig arbeiten, sich teilen und sich erneuern.

Wer gelernt hat, seine Energie zu vergrößern, kann sich selbst helfen, wenn er verletzt ist oder sich nicht wohl fühlt, und er kann anderen beistehen. Darum geht es in diesem Buch.

Die Energie, die der Körper braucht, ist mehr als Treibstoff. Wie alles andere im Universum, *ist* der Körper Energie. Die moderne Wissenschaft lehrt, daß das Universum und alles, was wir darin wahrnehmen können, ein gewaltiges Gewebe aus Energien ist.

Zu dieser Erkenntnis kamen auch die Naturforscher des alten China vor Jahrhunderten durch die genaue Beobachtung ihres Körpers und ihrer Umwelt.

Ihre Forschungen bestätigten, daß Menschen auf gleiche Ereignisse und Umweltbedingungen sehr unterschiedlich reagieren. Was auf den einen keine Wirkung zu haben scheint, macht den anderen krank. Manche Menschen arbeiten beispielsweise den ganzen Tag im Regen, ohne zu erkranken, während ihre Kollegen sich erkälten.

EINFÜHRUNG

Nach exakten Beobachtungen stellten die Wissenschaftsphilosophen sich die Frage: Worin unterscheiden sich die Menschen, die trotz Nässe und Kälte gesund bleiben, von jenen, die krank werden? Da die äußeren Bedingungen gleich sind, müssen die Gesunden eine unsichtbare Fähigkeit oder Kraft besitzen, die sie gesund erhält.

Wir können heute dasselbe beobachten: Selbst wenn alle dem gleichen Virus ausgesetzt sind, die gleiche unreine Nahrung essen oder unter dem gleichen Streß stehen, sind ihre Reaktionen sehr unterschiedlich.

Das gilt auch für die Reaktion auf eine medizinische Behandlung. Die Schulmedizin und die ergänzende Medizin wissen, daß Menschen verschieden reagieren, selbst wenn Diagnose und Therapie gleich sind.

Diese erstaunliche Vielfalt der menschlichen Erfahrungen hätte die Naturforscher und Ärzte im alten China nicht überrascht.

Energiemuster

Unsere Energiemuster sind so einzigartig wie unser Daumenabdruck. Sie bestimmen, wie wir auf alles andere in der Welt reagieren. Von unserer Vitalität hängt es ab, wie widerstandsfähig wir gegen die Millionen Bakterien in unserer Umwelt sind, wie wir Verletzungen und Unfälle verkraften, wie wir den alltäglichen Streß bewältigen und wie wir auf Medikamente ansprechen.

EINFÜHRUNG

Energiemuster lassen sich symbolisch-graphisch darstellen. Jede der folgenden symbolischen Abbildungen bezieht sich auf die Methoden, die dieses Buch empfiehlt.

Schwache, schwankende Energie

Eine hartnäckige Krankheit oder ein Erreger hat Sie ausgelaugt. Sie sind deprimiert.

Sie sind manchmal müde und abgespannt, verspüren aber hin und wieder einen kurzen Energieschub. Sie neigen zu Erkältungen und anderen Beschwerden von kurzer Dauer. Nach der Genesung geht es Ihnen ein paar Tage großartig; dann sind Sie auf einmal wieder erschöpft oder krank.

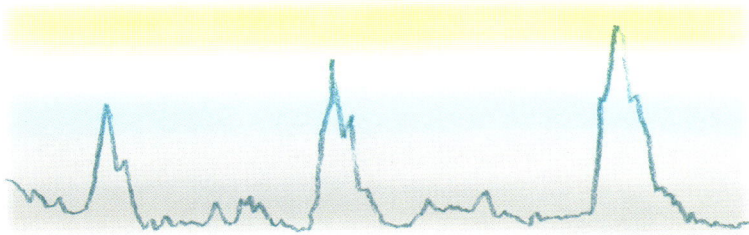

Diese beiden Kurven zeigen schwache, schwankende Energie. Wenn die Beschreibung auf Sie zutrifft, hilft Ihnen Teil Fünf, "Zur Quelle zurückkehren", wieder gesund zu werden.

Weder krank noch gesund
An manchen Tagen geht es Ihnen gut; aber oft fühlen Sie sich schlecht. Sie brauchen zwar keinen Arzt, sind jedoch manchmal erschöpft, leicht reizbar oder nervös.

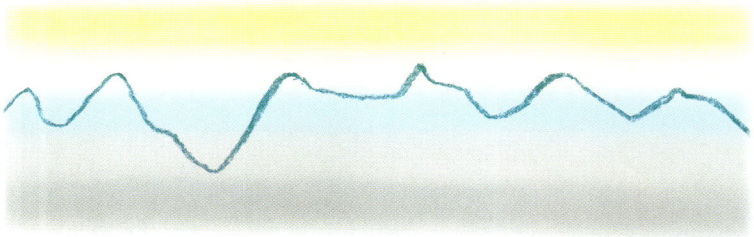

Das nennen wir oft "normale Gesundheit". Ihre Energie schwankt zwischen hoch und tief. Probieren Sie die Übungen in Teil Eins, "Das innere Meer".

Stärker und regelmäßiger
Wenn Sie sehr fit sind, glauben Sie vielleicht, Sie seien ausreichend wach und ausdauernd. Aber Ihre Energie enthält mitunter eine Spur Ungeduld oder Aggressivität. Wenn Sie die Übungen in Teil Eins und Zwei machen, wird Ihr Energiemuster stärker und ruhiger.

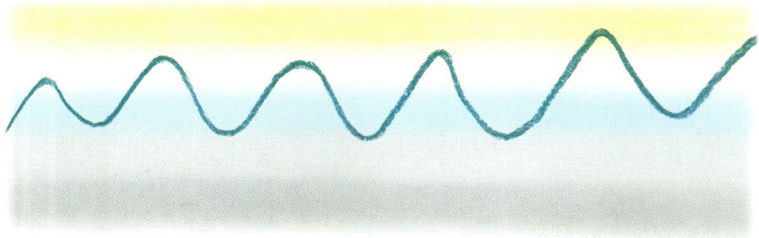

Selbst wenn Sie meinen, die Übungen in Teil Zwei und drei – die das Energiemuster stabilisieren – seien kein Problem für Sie, sollten Sie unbedingt zuerst prüfen, ob Ihnen auch die Übungen in Teil Eins gelingen.

Ausstrahlend

Die Übungen in diesem Buch erzeugen ein äußerst starkes Energiemuster. Sie sind dynamisch und selten krank. Sie genesen rasch.

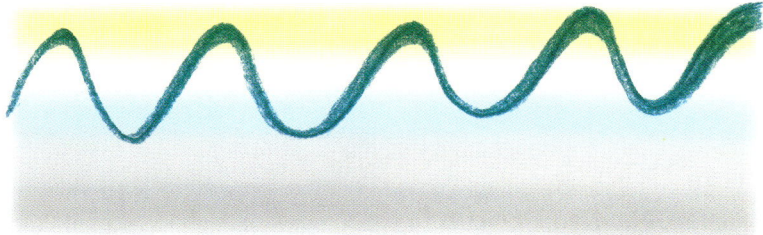

Andere Menschen spüren Ihre Energie und fühlen sich davon angezogen. Teil Vier, "Die Hindernisse beseitigen", zeigt Ihnen, wie Sie mit dieser starken Energie sich und anderen helfen können.

Die Wellenformen

Die Energiemuster werden als Wellen dargestellt, weil jede Energie eine Schwingung ist. Die Wellen erinnern uns auch daran, daß wir Hochs und Tiefs haben, gute und schlechte Tage, einerlei wie schwach oder stark unsere Energie ist.

Die Menschen von heute glauben oft, sie könnten von einem Tag zum anderen leben, ohne sich ändern zu müssen, als seien sie ein Perpetuum mobile. Das ist ein Irrtum. Es ist wichtig, das Bild auf den folgenden zwei Seiten nicht nur als linearen Fortschritt von schwach nach stark zu betrachten, sondern auch als Fähigkeit, auf den Wellen unserer alltäglichen, unterschiedlichen Lebenserfahrungen zu reiten.

Wenn wir das verstehen, erhält der Begriff "Heilung" eine ganz neue Bedeutung.

EINFÜHRUNG

Das Energiespektrum

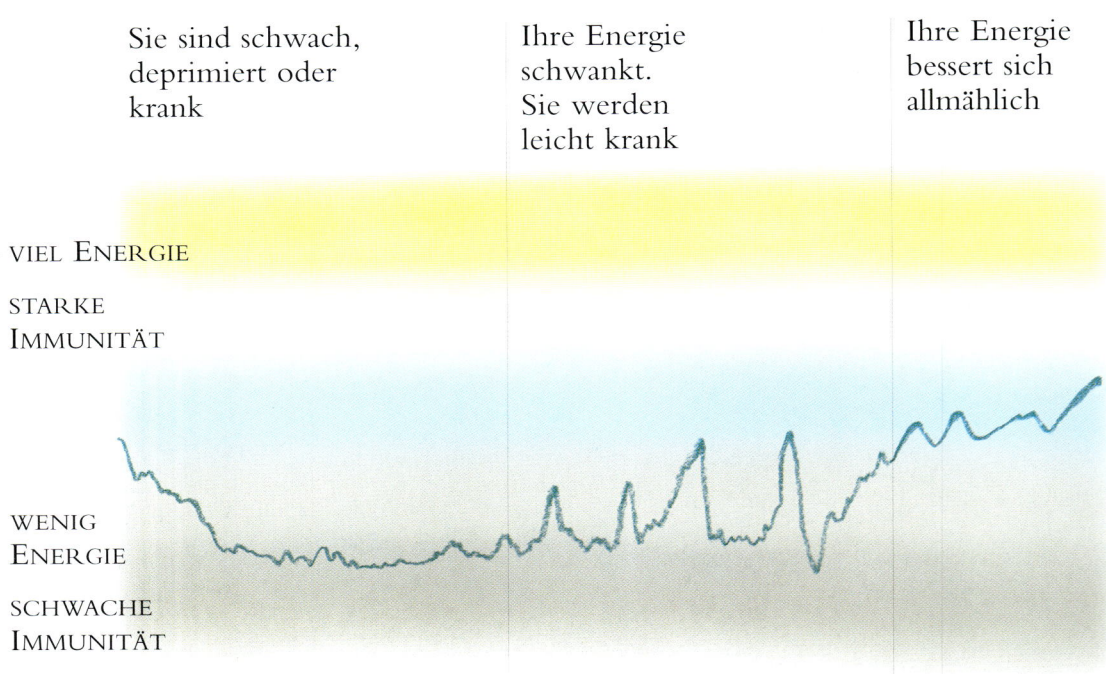

Sie sind schwach, depriniert oder krank

Ihre Energie schwankt. Sie werden leicht krank

Ihre Energie bessert sich allmählich

VIEL ENERGIE

STARKE IMMUNITÄT

WENIG ENERGIE

SCHWACHE IMMUNITÄT

Dieses Energiespektrum zeigt, wie Ihre Energie sich entwickelt, wenn Sie zunächst schwach und krank sind, sich dann erholen und "normal gesund" werden und schließlich dank der Übungen in diesem Buch ein viel höheres Energieniveau erreichen.

DAS
ENERGIE
SPEKTRUM

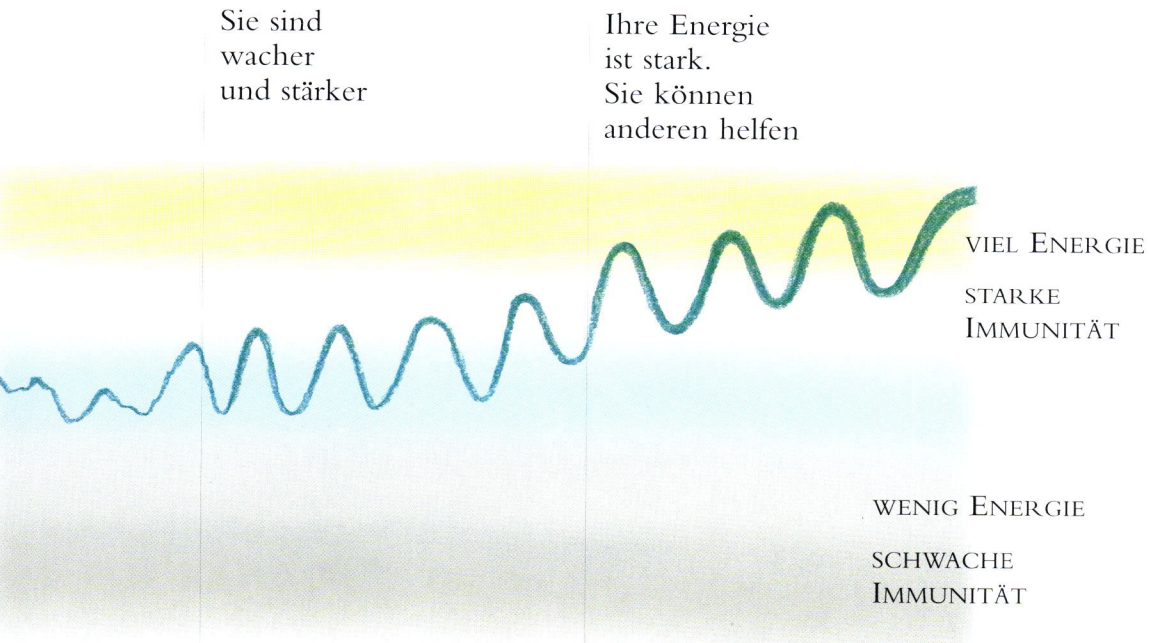

Die Muster stellen Qualität und Quantität Ihrer Energie dar. Die Qualität kann, ähnlich wie ein schneller Herzschlag, sprunghaft und schwankend, oder sie kann gleichmäßig und stabil sein und ein längeres "Wellenmuster" haben. Ein dünner Strich steht für geringe Energie, die bei Überbelastung weiter abnimmt; ein dicker Strich symbolisiert die viel größere Energie, die Sie mit Chi Kung erreichen können.

EINFÜHRUNG

Was ist Heilung?

In der chinesischen Medizin setzt Heilung voraus, daß wir die Energie jedes Menschen verstehen. Die Chinesen benutzen für diese Energie das Zeichen Chi. Manchmal wird sie "innere Energie" genannt, weil sie für unser Leben so wichtig ist. Wenn eine Verletzung, Muskelverspannungen oder Streß diese Energie blockieren, so daß sie nicht ungehindert durch den Körper fließen kann, sind Schmerzen und Krankheiten die Folge. Wir können jedoch gesund werden, wenn wir die Blockaden beseitigen und die natürliche Energiebilanz wiederherstellen.

Spontane Heilvorgänge laufen ständig in uns ab und sorgen für eine Homöostase, ein Gleichgewicht zwischen den zahllosen Prozessen im Organismus. Die Übungen in diesem Buch fördern die Homöostase und ermöglichen es dem Chi, Störungen zu beseitigen, die sonst einer äußeren Behandlung bedurft hätten.

Wenn Ihr Energiepegel niedrig ist, müssen Sie Ihre innere Kraft aufbauen. Selbst wenn noch keine Krankheitssymptome auftreten, löst jedes innere Ungleichgewicht und jeder Energiemangel mit der Zeit fast unweigerlich eine Krankheit aus.

Darum legt die chinesische Medizin großen Wert auf die Vorbeugung. Es gehört zum ständigen Heilprozeß, sich um seine Energie zu kümmern.

Die innere Energie ist auch wichtig, wenn wir wegen einer Krankheit oder Verletzung behandelt werden. Chi ist mit einem Fluß vergleichbar: Wir brauchen eine starke Strömung, damit ein Medikament im ganzen Organismus verteilt wird. Wenn wir völlig gesund werden wollen, müssen wir also zusätzlich zur Behandlung alles tun, um unseren Energiestrom zu stärken.

Zunächst gilt es zu verstehen, wie unsere Energie wirkt. Man bietet uns ständig Tabletten an, die alle Höhen und Tiefen des Lebens glätten sollen. Doch die Gesundheit gleicht eher einer Welle als einer Geraden, und was wir als "Störung" behandeln, ist oft nur eine Selbstregulierung des Körpers. Wenn wir Symptome unterdrücken, fühlen wir uns vielleicht kurzfristig besser; aber wir unterbrechen den Heilprozeß, der den Symptomen zugrunde liegt.

Für sich selbst sorgen

Einer der wichtigsten Grundsätze der chinesischen Medizin lautet: Jeder Mensch kann für seine Gesundheit die Verantwortung übernehmen. Natürlich brauchen kleine Kinder, Schwerkranke und Sterbende unsere Hilfe. Aber die beste Hilfe, die wir ihnen geben können, ist oft die Unterstützung der natürlichen Vorgänge.

Wir können diese tiefgründige Philosophie auch im täglichen Leben anwenden. Wenn wir uns allein auf Hilfe von außen verlassen, werden wir nicht gesund. Die besten Mediziner sind der Meinung, daß der Erfolg jeder Therapie nicht nur vom Geschick des Arztes abhängt, sondern auch vom Verhalten und von der Willenskraft des Kranken. Die entscheidende Rolle, die jeder Mensch beim Genesungsprozeß spielt, stand immer im Mittelpunkt der chinesischen Medizin. Im Rahmen dieser Verantwortlichkeit müssen wir uns auch um unsere Energie kümmern.

Überall auf der Welt beginnen junge und alte Chinesen den Tag mit Übungen, die ihre Gesundheit fördern. In Parks und Gärten machen sie erstaunlich vielfältige Bewegungen, die alle den Zweck haben, die innere Energie zu erhalten.

Wie Sie in den nächsten Kapiteln sehen werden, haben diese Übungen nichts mit dem oft quälenden Fitneßtraining des Westens zu tun.

Die heilenden und stärkenden Übungen in diesem Buch sind sanft; sie werden langsam und ruhig ausgeführt. Manchmal bewegen Sie sich überhaupt nicht - Sie behalten einfach eine Stellung bei und nehmen höchstens kleine Korrekturen vor (Sie heben oder senken zum Beispiel die Zehen, während Sie stillsitzen).

Oberflächlich betrachtet sind diese inneren Übungen fast das Gegenteil der Gymnastik. Dennoch haben viele Generationen dank dieser trügerisch einfachen Methoden gelernt, im Streß des Alltags sich selbst und ihre Familie gesund zu erhalten.

Energieübungen

Der chinesische Ausdruck für Energieübung ist *Chi Kung*. *Kung* bedeutet Übung oder Schweiß. *Chi Kung* heißt wörtlich "innere Energieübung".

Im Laufe der Zeit sind viele Übungen dieser Art entstanden, unter anderem Tai Chi Chuan sowie Atem- und Visualisierungsübungen.

Alle diese Methoden fassen den Menschen als Energiefeld auf, und im Gegensatz zu den Modellen der westlichen Medizin, die Körper und Geist scharf trennen, geht die chinesische Medizin von einem integrierten Energiefeld aus. Dieses Feld hüllt jedes Teilchen des Körpers, jedes Signal des Nervensystems, jeden Gedanken und jedes Gefühl wie ein Mikrokosmos ein.

Die heilende Wirkung

Wenn wir verstanden haben, daß jeder Mensch ein Energiefeld ist, nimmt der Begriff "Energieübung" eine tiefere Bedeutung an. Wir können damit auf alle Ebenen unseres Seins einwirken.

Die Übungen in diesem Buch haben eine ganzheitliche Wirkung, unabhängig vom Gesundheitszustand. Sie eignen sich auch für Menschen, die sehr schwach oder schwer krank sind oder sich von einer Krankheit oder Operation erholen. Sie verbessern nicht nur den körperlichen, sondern auch den seelischen und geistigen Zustand. Das ist notwendig für eine vollständige Genesung.

Diese Heilweise ist daher sehr individuell. Es gibt zwar Standardpositionen und -bewegungen, vor allem zu Beginn des Übens; aber ihre Wirkung auf den Menschen hängt von seinen Bedürfnissen und Fähigkeiten ab.

Wenn Sie beharrlich üben, werden Sie Erfolg haben, einerlei, ob Sie Büroangestellte, Manager, Arbeiter, Hausfrau oder Künstler sind. Sobald die inneren Organe harmonisch arbeiten, bessert sich Ihre Gesundheit, und Sie werden widerstandsfähiger gegen Streß. Wenn Sie immer entspannt sind, können Sie mehr leisten. Regelmäßiges Üben sorgt dafür, daß Ihre Energie von einem Geist gesteuert wird, der ständig wacher und aufmerksamer wird.

養鳥

TEIL EINS

DAS INNERE MEER

Bewahren Sie Ihre Gesundheit

Einführung

*Wer die Gesetze des Universums nicht befolgt,
muß dafür büßen.
Wer die Gesetze des Universums befolgt,
bleibt von gefährlichen Krankheiten verschont.*

DER KLASSIKER DER INNEREN MEDIZIN
DES GELBEN KAISERS

Das tägliche Leben ist anstrengend. Oft wachen wir unausgeschlafen auf, steigen unlustig aus dem Bett und sind von hektischer Betriebsamkeit umgeben. Wir frühstücken hastig, während wir im Radio die neuesten Nachrichten hören, und stürzen uns dann in den Berufsverkehr oder in die eintönige Hausarbeit. Mittags gibt es ein Schnellgericht, dann folgt ein ermüdender Nachmittag. Am Abend läßt die Anspannung bisweilen etwas nach, aber nicht immer. Mitunter sind wir bis spät in die Nacht aktiv.

Manche Menschen versuchen, sich im Sessel vor dem Fernseher zu entspannen, andere trainieren hart, um fit zu bleiben. Wenn wir das alles verkraften und nur ab und zu eine Erkältung oder Grippe haben, halten wir uns für gesund.

Doch unter dieser dynamischen Aktivität und selbst während der scheinbaren Entspannung sind wir besorgt. Wir spüren den Streß im Herzen und in den Lungen, in den Knochen und in den Muskeln. Wir brauchen zwar noch keinen Arzt, doch es geht uns nicht gut.

Langsam, aber sicher nimmt unsere Erschöpfung zu. Es fällt uns immer schwerer, die notwendige Energie aufzubringen. Auch das Seelenleben ist betroffen, und es dauert länger, bis wir ein unerfreuliches Erlebnis verkraftet haben.

EINFÜHRUNG

Wir sind "weder krank noch gesund", und unser Energiemuster sieht so aus:

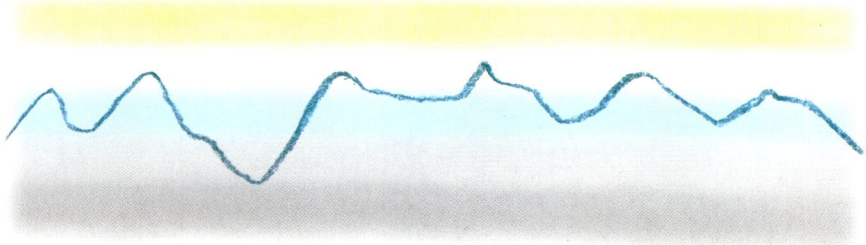

Dieser Zustand ist ein fruchtbarer Nährboden für schwere Krankheiten. Nach Ansicht der traditionellen chinesischen Medizin blockieren Angst und Streß allmählich das Chi im Körper, und das innere Meer trocknet aus. Wenn es irgendeinen Teil des Organismus nicht mehr durchströmt, sterben Zellen und degenerieren Organe.

Aber wir können diesen negativen Prozeß umkehren, und zwar durch die uralten Methoden der Entspannung und des natürlichen Energieaufbaus, die ich Ihnen in diesem Buch vorstelle. Die wichtigste Übung ist Zhan Zhuang, das "Stehen wie ein Baum".

Die folgenden Übungen sind einfach, aber die Weisheit, die sie im Laufe der Jahrhunderte verfeinert hat, ist tiefgründig. Sie sind der unerläßliche Einstieg zu den Übungen für Fortgeschrittene in den späteren Kapiteln.

DAS
INNERE
MEER

Chi

Chi ist die unsichtbare Lebenskraft des Universums, die Essenz unserer Existenz. „Um in diesem Leben irgendetwas tun zu können, brauchen wir Energie", schrieb der alte chinesische Philosoph Guan Tse.

Das chinesische Schriftzeichen für Chi, das im modernen China häufig benutzt wird und oft in Büchern zu sehen ist, die im Westen verkauft werden, bedeutet "Atem" oder "Luft". Daher rührt das verbreitete Mißverständnis, Chi Kung sei lediglich eine Serie von Atemübungen und, schlimmer noch, Chi sei eine äußere Kraft.

Das ursprüngliche, von den alten Gelehrten und Chi-Kung-Meistern benutzte Schriftzeichen sehen Sie auf der gegenüberliegenden Seite. Es zeigt die wahre Natur des Chi und somit die innere Natur des Chi Kung.

Das Zeichen hat zwei Elemente. Oben ist ein Quadrat, das einem Topf mit Griff ähnelt. Die vier Striche darunter streben nach oben; sie symbolisieren das Feuer.

Zusammen ergibt das einen Topf auf einem offenen Feuer. Wenn das Wasser heiß ist, wird es allmählich aktiver. Es bleibt zwar Wasser, aber es bewegt sich. Mit der Zeit steigt feiner Dampf auf, und schließlich löst sich starke Energie in Form von Bläschen vom Boden, strömt durch die Flüssigkeit nach oben und platzt in der Luft.

Dieses Schriftzeichen ist eine Metapher für die kraftvolle Umwandlung Ihrer inneren Energie, bewirkt von den Übungen in diesem Buch.

Das Chi sammeln

Das Leben jedes Menschen sammelt sich um einen Mittelpunkt. Die winzigen Zellen vermehren sich dort, wo der Fetus mit der Gebärmutter verbunden ist.

Tief in der Gebärmutter ist dieses frühe Wachstum unsichtbar. In dieser stillen Umwelt manifestiert sich die Lebenskraft als warmes, feuchtes, überaus fruchtbares Plasma.

Die Verbindung wird zur Nabelschnur, die für den lebenswichtigen Stoffaustausch zwischen Mutter und Kind sorgt. Wird sie durchtrennt, ordnen die Zellen sich neu und bilden den Nabel. Diese Geschichte vergessen wir gewöhnlich, wenn wir heranwachsen; aber in der chinesischen Medizin ist sie von größter Bedeutung.

Verbunden mit dem Nabel ist das Meer des Chi oder Tan Tien. Es liegt drei Zentimeter unterhalb des Nabels innerhalb des Körpers und ist das Reservoir des Chi, genau wie im Mutterleib.

Der Weg der Heilung beginnt mit dem Auffüllen dieses inneren Reservoirs. Das geschieht, indem Sie eine Weile "Das Chi sammeln", während Sie die Hände ruhig auf das Tan Tien legen.

Stellen Sie sich aufrecht und entspannt hin, die Füße in schulterbreitem Stand, die Zehen zeigen nach vorne.

Legen Sie die Seite des rechten Daumens auf den Nabel, so daß der Rest der Hand ganz von selbst auf den Unterbauch fällt. Legen Sie dann die linke Hand bequem auf die rechte.

Sie können die Augenlider senken; aber lassen Sie die Augen offen. Atmen Sie natürlich.

Bleiben Sie zunächst bis zu zwei Minuten so stehen. Steigern Sie sich allmählich auf bis zu fünf Minuten.

DAS
INNERE
MEER

Das Chi wecken

Diese scheinbar einfache Übung holt das Chi aus seinem Reservoir im Bauch und leitet es in die Fingerspitzen. Sie bleiben sehr entspannt und schwingen die Arme sanft vor und zurück wie ein Pendel.

Stehen Sie still. Die Füße sind in schulterbreitem Stand, die Zehen zeigen nach vorne.

Schauen Sie geradeaus. Ziehen Sie das Kinn ganz leicht ein, so daß der Kopf weder gesenkt ist noch im Nacken liegt. Entspannen Sie die Schultern, und lassen Sie die Hände locker hängen.

Stellen Sie sich vor, Sie wollen sich auf einen Stuhl setzen, der hinter Ihnen steht. Entspannen Sie das Gesäß, und lassen Sie sich langsam um etwa 2 cm sinken. Dabei beugen sich die Knie ein wenig, bleiben aber hinter den Zehen. Verteilen Sie Ihr Gewicht gleichmäßig auf beide Füße.

1. Schwingen Sie beide Arme locker nach vorne, als führten die Handrücken die Bewegung an. Heben Sie die Hände nicht über die Schulterhöhe hinaus, und spreizen Sie leicht die Finger.

2. Schwingen Sie die Arme zurück, bis sie von selbst innehalten. Behalten Sie auch hinten einen kleinen Abstand vom Körper bei.

Der natürliche Impuls der Schwingung trägt die Arme nun wieder nach vorne. Schwingen Sie spontan und rasch, als wollten Sie die Finger wegwerfen und innerhalb einer Sekunde wieder zurückziehen.

Beginnen Sie mit 50 vollen Schwüngen, und versuchen Sie, dabei still zu stehen. Steigern Sie sich auf bis zu 200 Schwünge.

DAS
CHI
WECKEN

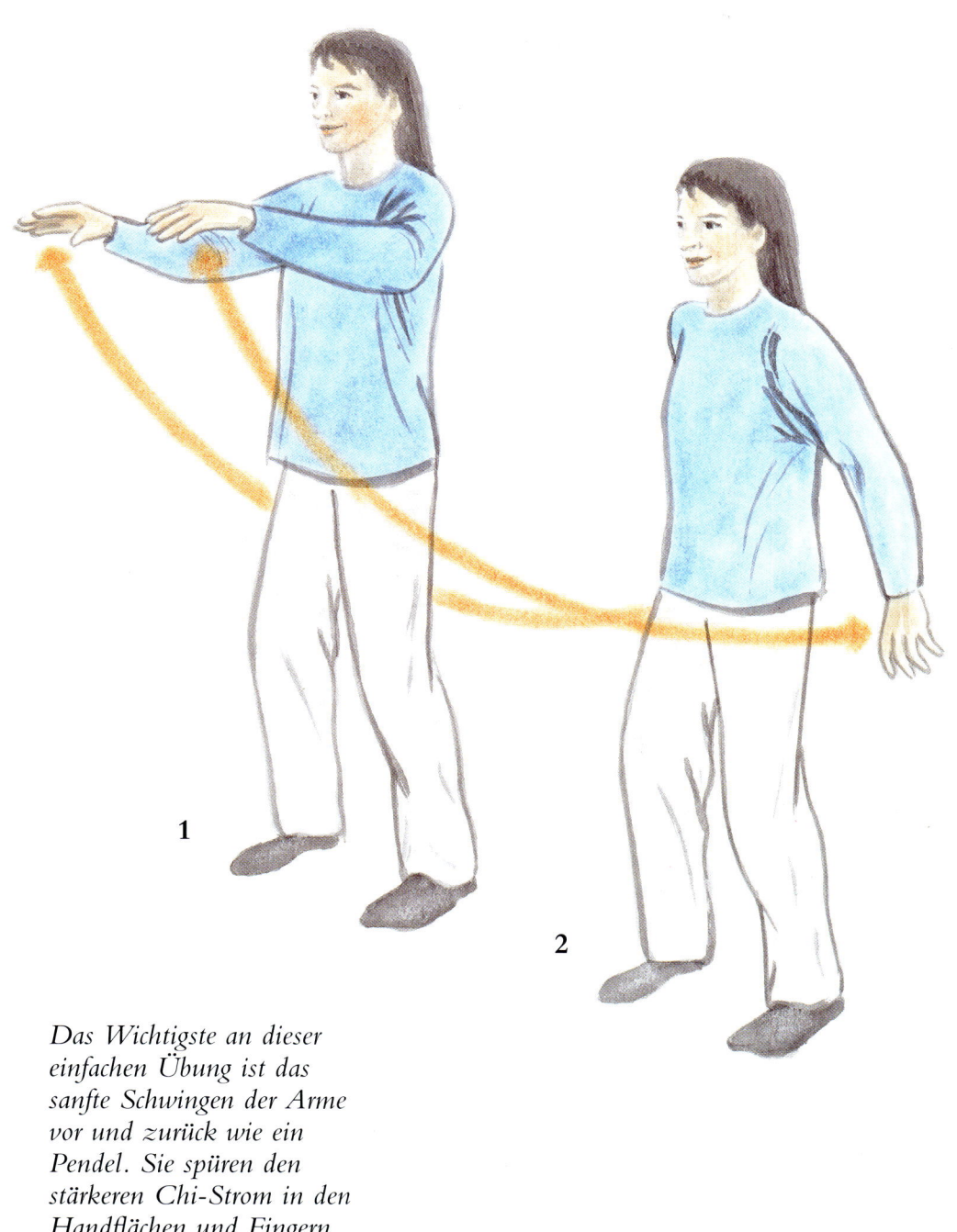

Das Wichtigste an dieser einfachen Übung ist das sanfte Schwingen der Arme vor und zurück wie ein Pendel. Sie spüren den stärkeren Chi-Strom in den Handflächen und Fingern.

DAS INNERE MEER

Die innere Wärme stärken

Diese Übung gleicht einem Versuch, sich aufzuwärmen. Viele Menschen beklopfen sich spontan, um warm zu werden. Hier schlagen Sie außen auf die Oberschenkel und stimulieren dadurch das Fließen des wärmenden Chi.

Stehen Sie in schulterbreitem Stand, die Zehen zeigen nach vorne. Entspannen Sie die Knie, ohne sie nach vorne zu schieben. Verteilen Sie Ihr Gewicht gleichmäßig auf beide Füße.

Entspannen Sie den Oberkörper. Achten Sie darauf, daß die Schultern nicht angespannt sind und die Arme locker herabhängen.

Blicken Sie ruhig nach vorne.

Beginnen Sie mit den entspannten Handflächen außen auf die Oberschenkel zu schlagen. Atmen Sie dabei ruhig.

Fangen Sie mit 30 Klapsen an, und steigern Sie sich, wenn Sie entspannt bleiben können. Das Tempo bestimmen Sie selbst - nicht zu schnell und nicht zu langsam. Die Klapse sollten kräftig, aber nicht schmerzhaft sein. Hören Sie auf, wenn Sie genug haben. Weder die Hände noch die Schenkel dürfen weh tun.

DIE INNERE
WÄRME
STÄRKEN

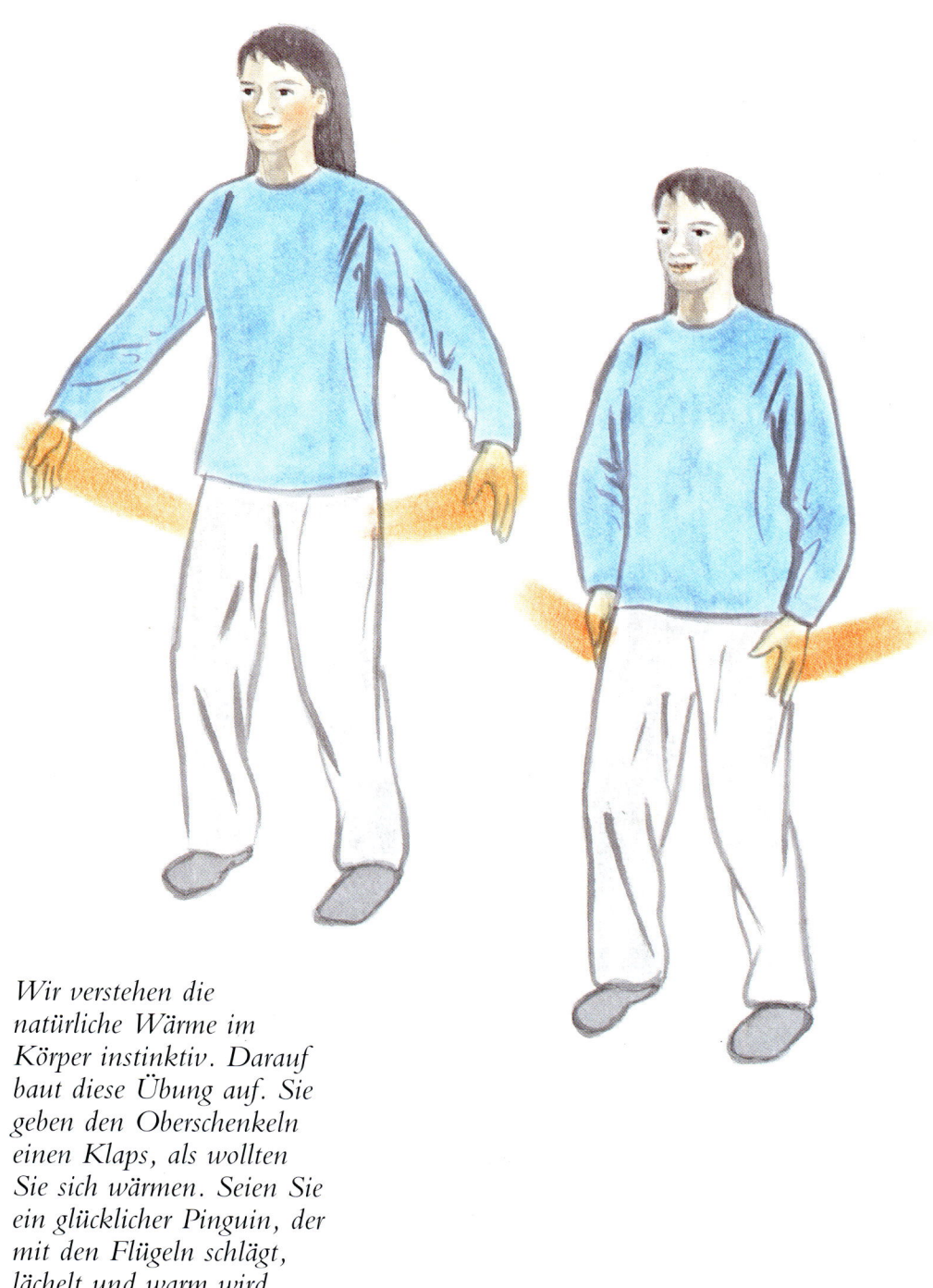

Wir verstehen die natürliche Wärme im Körper instinktiv. Darauf baut diese Übung auf. Sie geben den Oberschenkeln einen Klaps, als wollten Sie sich wärmen. Seien Sie ein glücklicher Pinguin, der mit den Flügeln schlägt, lächelt und warm wird.

DAS INNERE MEER

Die innere Kraft stärken

Diese Energieübung nutzt das sich verlagernde Körpergewicht, um Chi durch den Körper zu pumpen. Der wechselnde Druck auf die Nervenenden und Akupunkturpunkte der Fußsohlen löst den Chi-Strom aus.

Stehen Sie ruhig und entspannt. Die Füße sind parallel in schulterbreitem Stand. Die Arme hängen locker an den Seiten. Entspannen Sie den Oberkörper. Schauen Sie geradeaus.

1. Verlagern Sie das Gewicht auf den linken Fuß. Stellen Sie sich vor, Ihr Gewicht sinkt auf der linken Körperseite nach unten, durch die Fußsohlen und in den Boden.

2. Wenn Sie das Gefühl haben, daß das ganze Gewicht durch den linken Fuß gesunken ist, heben Sie sanft den rechten Fuß, bis das Knie sich in Hüfthöhe befindet.

Atmen Sie ein, während Sie das Bein heben.

Heben Sie das Bein so weit an, daß Ober- und Unterschenkel einen rechten Winkel bilden. Halten Sie nun das ganze Bein vor dem Rumpf hoch.

Heben Sie die Zehen, so daß die Fußsohle parallel zum Boden und nicht nach unten geneigt ist.

Atmen Sie dann aus, und lassen Sie den rechten Fuß sacht zu Boden sinken.

3. Verlagern Sie das Gewicht jetzt auf den rechten Fuß.

4. Heben und senken Sie das linke Bein auf die gleiche Weise. Machen Sie die Doppelübung anfangs sechsmal, und steigern Sie sich auf zwölfmal.

Stehen Sie dann eine Minute still. Das Gewicht ist auf beide Füße verteilt.

DIE INNERE
KRAFT
STÄRKEN

1

2

3

4

Bei dieser sanften Übung heben Sie die Beine und senken sie wieder ab. Wenn Sie die Beine wechseln, achten Sie zuerst darauf, daß Sie fest auf dem Fuß stehen, der Ihr Gewicht trägt. Spüren Sie den intensiven Kontakt mit der festen Erde?

Die Position der Ur-Energie

Wenn Sie die drei Bewegungsübungen auf der vorigen Seiten hinter sich haben, sind Sie so warm, daß der stärkere Chi-Fluß Ihnen nicht schadet. Es ist daher äußerst wichtig, erst nach diesen drei Übungen weiterzumachen.

Beginnen Sie mit der ersten der uralten chinesischen Chi-Kung-Stellungen. In China heißt sie Wu Chi, "Position der Ur-Energie".

Es ist am besten, wenn Sie im Freien üben, wenn möglich mit der Sonne im Rücken und vor einem großen Baum. Stellen Sie sich nicht in den Regen oder Nebel. Sie können alle bisherigen Übungen absolvieren und danach Wu Chi.

Wenn Sie lieber zu Hause bleiben, gehen Sie in ein ruhiges Zimmer. Sanfte Instrumentalmusik kann hilfreich sein. Wenn möglich, öffnen Sie ein Fenster, damit frische Luft hereinkommt.

Die Übung wird auf der gegenüberliegenden Seite beschrieben. Auf Seite 38 - 39 lesen Sie, wie Sie die Energien der Erde und des Kosmos miteinander in Einklang bringen.

Anfängern können selbst sehr kurze Zeitspannen endlos erscheinen. Da wir kaum noch an die Stille gewöhnt sind, kann das erste Erlebnis ein Schock sein. Begnügen Sie sich mit einer oder zwei Minuten, und steigern Sie sich auf zehn Minuten. Machen Sie sich keine Gedanken darüber, wie lange das dauert. Zwingen Sie sich zu nichts. Wenn Sie aufhören möchten, legen Sie kurz die Hände auf Ihr Tan Tien (siehe Seite 26 - 27), ehe Sie sich bewegen.

DIE POSITION DER UR-ENERGIE

1. *Die Füße stehen schulterbreit. Stehen Sie ruhig und entspannen Sie die Knie.*

2. *Entspannen Sie den Bauch und die Hüften.*

3. *Senken Sie den Brustkorb leicht einwärts. Lockern Sie die Schultern.*

4. *Lassen Sie die Arme locker hängen. Die Finger sollten leicht gespreizt und natürlich gekrümmt sein.*

5. *Senken Sie das Kinn ein wenig, und entspannen Sie den Hals.*

6. *Schauen Sie nach vorne und leicht nach unten.*

7. *Atmen Sie ruhig durch die Nase.*

DAS
INNERE
MEER

Die Mitte finden

Wir verlieren oft unsere Mitte, weil wir verspannt oder krank sind. Mit der Zeit gewöhnen wir uns an eine leicht krumme oder schräge Haltung, und die Folge ist, daß wir uns unsicher fühlen, wenn wir gerade stehen. Darum müssen Sie darauf achten, daß Sie bei dieser Übung gerade stehen. Je länger Sie Chi Kung üben, desto leichter fällt Ihnen die korrekte, gesunde Haltung.

Stehen Sie also gerade, und achten Sie darauf, daß Ihr Gewicht gleichmäßig auf beide Füße verteilt ist, so daß die Mittellinie des Körpers senkrecht steht. Das Tan Tien – der rote Punkt unter dem Nabel der Figur auf der folgenden Seite – liegt auf der Geraden, die genau zwischen den Beinen zur Mitte des Kopfes verläuft.

Verteilen Sie Ihr Gewicht gleichmäßig auf beide Füße. Achten Sie darauf, daß Sie weder nach vorne noch nach hinten geneigt sind.

Spannen Sie die Knie erst an, und lockern Sie dann die Muskeln. Wie Sie auf der Zeichnung sehen, ragen die Knie nicht über die Zehen hinaus.

Ihr Gewicht sollte wie in einer Pyramide verteilt sein. Die Füße sind die Basis, der Kopf ist die Spitze. Die Basis ist solide, breit, dunkel und schwer. Die strahlende, leichte Spitze zeigt zum Himmel empor.

Wenn Sie entspannt und natürlich stehen, ist ein Gefühl der Schwere in den Füßen das Zeichen dafür, daß Sie mit der Energie der Erde verbunden sind. Wenn Sie sich im Kopf leicht fühlen, so liegt dies am Kontakt mit der Energie des Kosmos.

DIE MITTE FINDEN

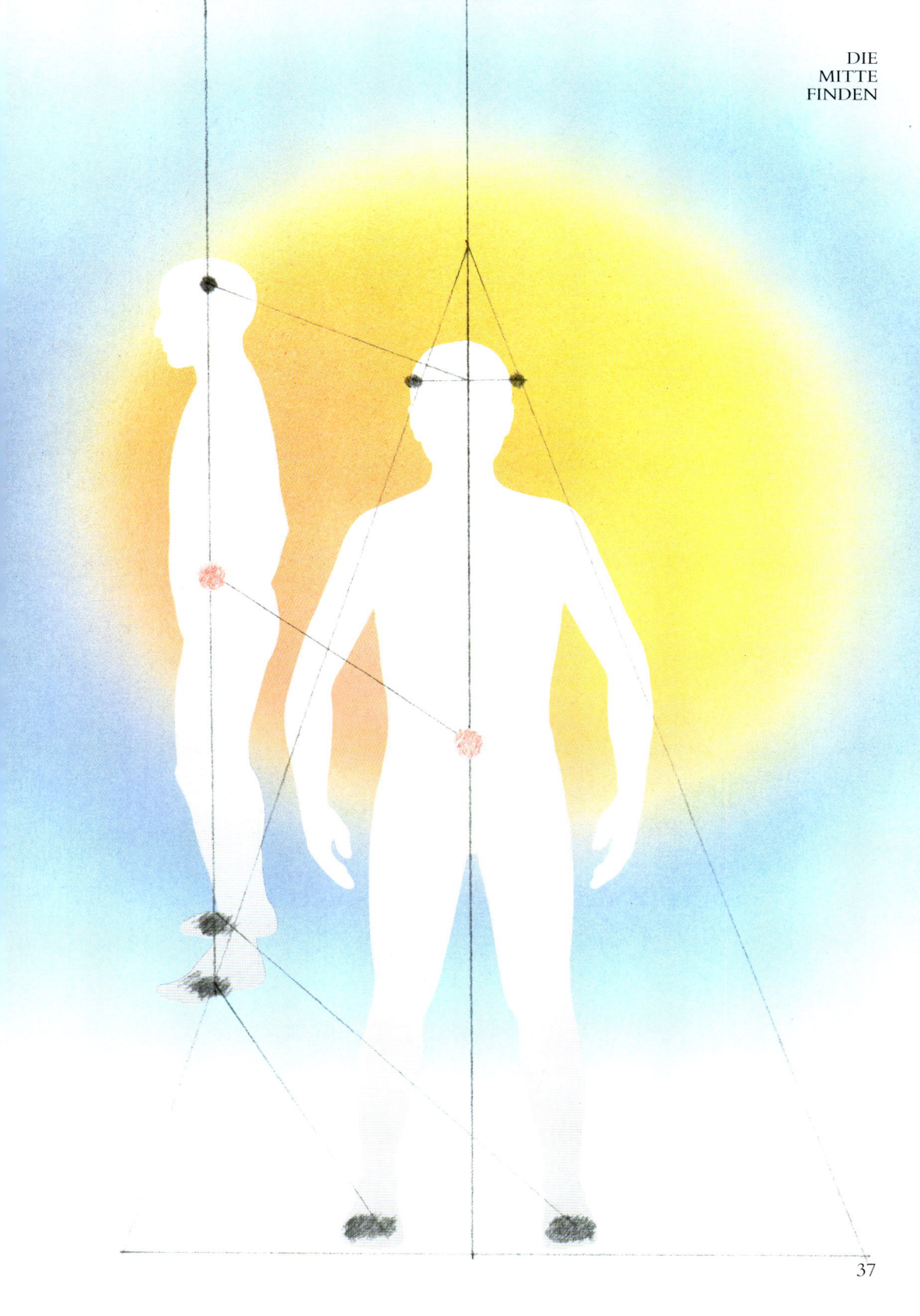

Den Geist beruhigen

Chi Kung beruhigt das Nervensystem. Wenn Sie im Wu Chi stehen, folgen Sie dieser Sequenz der inneren Ruhe.

Konzentrieren Sie sich zunächst auf die Augengegend. Entspannen Sie die Haut und die Muskeln.

Konzentrieren Sie sich nun auf den Kiefer, und entspannen Sie ihn völlig.

Lassen Sie die Entspannung an beiden Seiten des Halses wie warmes, goldenes Wasser hinabfließen.

Lassen Sie sie über die rechte Schulter fließen. Der rechte Arm hängt locker wie ein Gewicht. Machen Sie dann das gleiche mit der linken Schulter und dem linken Arm.

Atmen Sie aus. Der Brustkorb sinkt ein wenig ein, und die Schultern krümmen sich leicht nach vorne.

Stellen Sie sich vor, Ihr Rücken sei mit dickem, hartem Schlamm bedeckt. Ein frischer Wasserfall ergießt sich auf Ihren Rücken und spült jede Spur des Schlamms fort. Er fließt weiter über das Gesäß und nimmt Verspannungen in der Hüfte mit.

Die Füße tragen das volle Gewicht des Körpers. Sie sind mit der Erde verwurzelt.

Konzentrieren Sie sich nun auf den Scheitel des Kopfes. Stellen Sie sich vor, Sie hängen an einem goldenen Faden am Himmel. Sie spüren, daß Sie ein wenig in die Höhe gezogen werden.

Sie stehen ruhig und still und spüren die Schwere in den Fußsohlen und die Leichtigkeit oben am Kopf.

Die beiden Kräfte

Das korrekte Wu Chi hat drei Phasen. Zuerst müssen Sie an Ihrer Haltung arbeiten und dadurch die inneren Energieströme öffnen (siehe Seite 36 - 37). Dann müssen Sie lernen, sich ruhig von oben nach unten zu entspannen (Seite 38 - 39).

Drittens müssen Sie genau wissen, was in Ihnen vorgeht; nur dann können Sie die volle Heilkraft von Chi Kung nutzen. Im klassischen China nannte man das "Vision von Himmel und Erde". Diese Vorstellung entspricht in mancher Hinsicht genau den Erkenntnissen der modernen Wissenschaft.

Erde

Sie stehen aufrecht auf der Erde. Das ist eine Energiekugel, die mit außerordentlicher Fruchtbarkeit gesegnet ist. Der Boden, das Wasser und die Atmosphäre haben seit der Morgendämmerung der Natur unzählige Lebensformen genährt, von mikroskopisch kleinen Organismen bis zu großen Säugetieren. Zahl und Vielfalt der Lebewesen scheinen grenzenlos zu sein. Doch die Fülle der Biosphäre ist nur ein winziger Bruchteil der Erd-Energie. Noch größer ist die verborgene Kraft des großen Meeres aus Feuer, das ständig unterhalb der Erdkruste brennt. Dies ist das lebende Wesen, auf dem Sie existieren, während Sie durch das Weltall reisen.

DIE
BEIDEN
KRÄFTE

Himmel

Mit jedem neuen Durchbruch bei der Erforschung des Weltraums wird der wahrnehmbare Teil des Universums größer. Die Signale, die wir empfangen, lassen auf ein All mit unbekannten Grenzen schließen. Wir sehen immer größere Wunder und empfangen Bilder von faszinierender Schönheit. Wir stammen aus diesem gewaltigen, strahlenden Feld, und unsere ganze Existenz gründet auf seiner unberechenbaren Energie. Wenn Sie im Wu Chi stehen, aufrecht und völlig entspannt, öffnen Sie sich nach und nach dieser strahlenden Kraft, die Sie umgibt.

Der volle Bauch

Die Heilkraft des Chi Kung wirkt tief im Inneren des Körpers. Wenn Sie sich langsam den Energien des Himmels und der Erde öffnen, sollten Sie der Natur ihren Lauf lassen und zu große Eile vermeiden.

Bevor Sie die folgende Position üben, sollten Sie regelmäßig bis zu 5 Minuten lang Ihr Chi sammeln (Seite 26 - 27) und die drei nächsten Übungen machen: Das Chi wecken (Seite 28 - 29), Die innere Wärme stärken (Seite 30 - 31) und Die innere Kraft stärken (Seite 32 - 33). Darauf folgt das Wu Chi (Seite 34 - 35), mindestens 10 Minuten lang.

Die nächste Position, Der Volle Bauch, dehnt die Wirbelsäule. Wenn Sie die tiefere Position einnehmen, stimulieren die gespannten Beinmuskeln die Durchblutung des Körpers.

Beginnen Sie die Übung im Wu Chi. Die Füße stehen schulterbreit, die Zehen zeigen nach vorne.

Senken Sie das Gesäß etwa um 2 Zentimeter, als wollten Sie sich hinsetzen. Dabei beugen Sie leicht die Knie, ohne daß sie über die Zehen hinausragen. Lockern Sie das Kreuz, als säßen Sie auf einem unsichtbaren Stuhl.

Entspannen Sie den Bauch vollständig, so daß er sich ganz natürlich wölbt. Stellen Sie sich vor, er erstreckt sich über den Körper hinaus: Heben Sie die Hände vor den Bauch, als hielten sie die Fülle jenseits des Leibes.

Vielleicht können Sie sich besser vorstellen, daß die Hände eine große goldene Kugel vor dem Bauch halten. Entspannen Sie dabei die Handflächen. Spüren Sie, wie sie an den Seiten der Kugel liegen. Sie sind nicht nach oben gedreht, sondern etwas gekrümmt wie der sanfte Bogen der Kugel.

DER
VOLLE
BAUCH

DER VOLLE BAUCH

Nach einem köstlichen Mahl spüren Sie in der Wärme und Fülle des Bauches eine geheime Wonne. Das ist ein anderes Gefühl als nach einem zu üppigen Essen. Es ist das natürliche Gefühl inneren Glücks, das Ihnen die entspannte Weite im gesamten Bereich der Hüften, des Beckens, des Kreuzes und des Bauches bewußt macht. Wenn Sie diese Empfindungen erforschen, entdecken Sie ein köstliches Gefühl – als würden Sie von innen her gewärmt.

Dieses Gefühl entwickelt sich allmählich, wenn Sie die Position Voller Bauch einnehmen, wobei die Hände knapp vor dem Unterbauch schweben. Wenn Sie korrekt üben, sind alle Bauchmuskeln entspannt.

Denken Sie an den lachenden Buddha, die klassische Figur mit dem breiten Lächeln und dem gerundeten Bauch, die Sie oft in chinesischen Geschäften sehen. Der Bauch dieses Buddha ist nicht fett, sondern mit Energie gefüllt. Die Legenden, die diese Figur umranken, berichten, Buddhas Chi sei derart mächtig gewesen, daß sie fallende Schneeflocken zum Schmelzen brachte, bevor sie seinen Körper berührten.

Beim Vollen Bauch ziehen viele Leute die Schultern hoch und spannen die Brustmuskeln an, während sie die Hände vorne halten. Das läßt sich verhindern, wenn Sie sich vorstellen, daß Sie einen Gurt um den Hals tragen, der bis zu den Handgelenken reicht. Der Riemen nimmt das Gewicht von den Armen und senkt zugleich die Schultern und entspannt die Brust.

Versuchen Sie, diese Stellung 5 Minuten beizubehalten, und kehren Sie dann für einige Minuten zum Wu Chi zurück. Zum Schluß sammeln Sie Ihr Chi (Seite 26 - 27) für eine oder zwei Minuten.

Sobald es Ihnen leichter fällt, sich in dieser Position zu entspannen, können Sie bis zu 10 Minuten stehenbleiben.

行為

TEIL ZWEI

DER GROSSE FLUSS
Vergrößern Sie Ihre Energie

DER GROSSE FLUSS

Einführung

Die Menschen werden sanft und schwach geboren.
Im Tod sind sie hart und steif.
Grüne Pflanzen sind zart und saftig.
Im Tod sind sie welk und trocken.
Fehlende Biegsamkeit ist also das Merkmal des Todes.
Das Sanfte und Flexible ist das Zeichen des Lebens.

LAO TSE

Chi hat die natürliche Tendenz zu fließen. Es gleich der Strömung eines Flusses. Ist die Strömung schwach, steht das Wasser still. Nach der traditionellen chinesischen Medizin sind weitverbreitete Beschwerden die Folge von stagnierendem Chi: Kältegefühl, Verstopfung, Steifheit und schmerzende Gelenke.

Mit den Übungen in diesem Buch können wir stagnierendes Chi transformieren und den natürlichen, starken Energiestrom wiederherstellen. Dieser Wandel entspricht dem Muster "Stärker und regelmäßiger" (Seite 12).

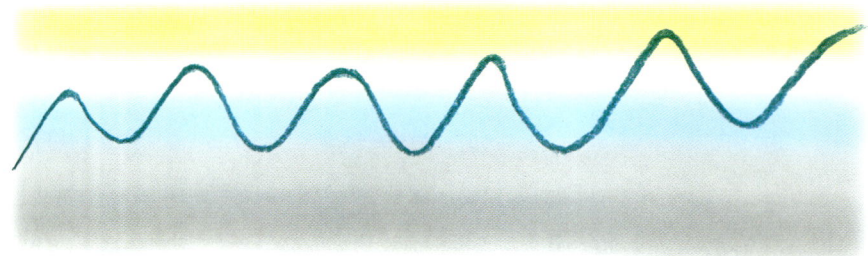

Im Laufe der Jahre wurden viele Übungen entwickelt, die dafür sorgen, daß das Chi durch den ganzen Körper fließt. Am bekanntesten ist Tai Chi, eine Folge langsamer, sanfter Bewegungen, die den meisten Chinesen vertraut ist.

In diesem Teil des Buches stelle ich Ihnen einige der wichtigsten Tai-Chi-Übungen vor, wie die berühmten Schulen des Tai Chi sie lehren.

Beginnen Sie damit erst, wenn Sie die Übungen im ersten Teil mühelos bewältigen. Vor allem wenn Sie wenig Energie besitzen, müssen Sie Ihr inneres Reservoir (Tan Tien) mit Chi füllen und die einleitenden Positionen des Zhan Zhuang üben. Das gibt Ihnen die Kraft, den Weg der Heilung weiterzugehen. Ohne diese Energiereserve wäre Ihr Tai Chi schwach und leer.

Wenn Sie mit den Übungen in diesem Teil anfangen, sollten Sie weiter regelmäßig Zhan Zhuang üben. Sie sollten mindestens 10 Minuten im Wu Chi stehen können. Damit sollten Sie Ihr tägliches Üben beginnen, und dann die Tai-Chi-Übungen machen.

Am besten lernen Sie alle Bewegungen nacheinander. Befolgen Sie die Anleitungen genau. Überprüfen Sie Ihre Bewegungen im Spiegel, oder überlassen Sie das einem Freund. Seien Sie so präzise wie möglich. Wenn Sie mit der Bewegung vertraut sind, bemühen Sie sich um Anmut, und bewegen Sie sich möglichst fließend.

Dank dieser Bewegungsübungen stellt sich zusammen mit dem Zhan Zhuang allmählich ein starkes Gefühl innerer Stabilität und Stille ein, während Sie sich ruhig und mühelos wie ein großer Fluß bewegen.

DER
GROSSE
FLUSS

Langes Leben

Das chinesische Schriftzeichen auf der vorigen Seite bedeutet "Langlebigkeit". In manchen Kulturen stellen die Menschen sich ein langes Leben als gerade Linie von der Geburt bis zum Tod vor. Das klassische chinesische Bildzeichen ist erstaunlicherweise ganz anders.

Im oberen Teil des Zeichens wechselt die Energie zwischen langen, dicken Strichen und kurzen, dünnen Strichen, so wie die Energie des Meeres sich in Wellen manifestiert.

Ganz unten sehen wir einen einfachen senkrechten Strich. Das ganze Gewicht des Zeichens ruht darauf. Dies ist der Strich für die menschliche Hand; er symbolisiert einen Menschen, der den Druck des Lebens trägt.

Es ist interessant, daß das Schriftzeichen nicht symmetrisch ist. Das ist eine uralte und doch erstaunlich moderne Auffassung. Nach einer der neusten wissenschaftlichen Theorien ist das Leben unausgewogen, ein ständiger Wechsel zwischen Ruhe und Bewegung, ein Ausdruck der gewaltigen, sich unaufhörlich wandelnden Energie des Universums.

Dank dieser ständig fließenden Energie ist ein reifer Mensch fest mit der Erde verwurzelt und eins mit allen Ereignissen des Lebens.

Darum lehnte der sterbende taoistische Weise Chuang-tse das prächtige Begräbnis ab, das seine Schüler für ihn planten, und sagte lächelnd: „Himmel und Erde werden mein Sarg sein. Sonne und Mond werden die Jade über mir sein. Alle Planeten und Sternbilder werden wie Juwelen für mich leuchten. Was brauche ich mehr? Es ist bereits für alles gesorgt."

DER
GROSSE
FLUSS

Seide aus dem Kokon ziehen

Diese anmutige Bewegung geht auf eine Zeit zurück, als man Fäden aus Rohseide langsam mit der Hand aus den Kokons der Seidenraupen zog. Damit die langen Fäden nicht reißen, ist eine entspannte, fließende Bewegung erforderlich, weder zu schwach noch zu stark. Die folgende Übung sorgt für eine tiefe Entspannung, in welcher der Geist wach bleibt und das Chi bis in die Fingerspitzen strömt.

1. Stehen Sie still. Die Füße sind in schulterbreitem Stand, und die Zehen zeigen nach vorne. Entspannen Sie den ganzen Körper (siehe "Den Geist beruhigen", Seite 39). Wenn Sie die Entspannungsübungen hinter sich haben, stellen Sie sich vor, daß Sie die Seide aus den Kokons ziehen. Jede Fingerspitze zieht einen Faden. Die Bewegung muß fließend und doch kräftig sein, so daß die Seide ständig fließt, ohne zu reißen.

Spreizen Sie die Finger leicht, und heben Sie sanft die Hände vor dem Körper, wobei die Fingerspitzen ganz natürlich nach unten gekrümmt sind. Schultern und Arme bleiben so entspannt wie möglich. Atmen Sie während der langsamen Aufwärtsbewegung ruhig ein.

1

SEIDE AUS
DEM KOKON
ZIEHEN

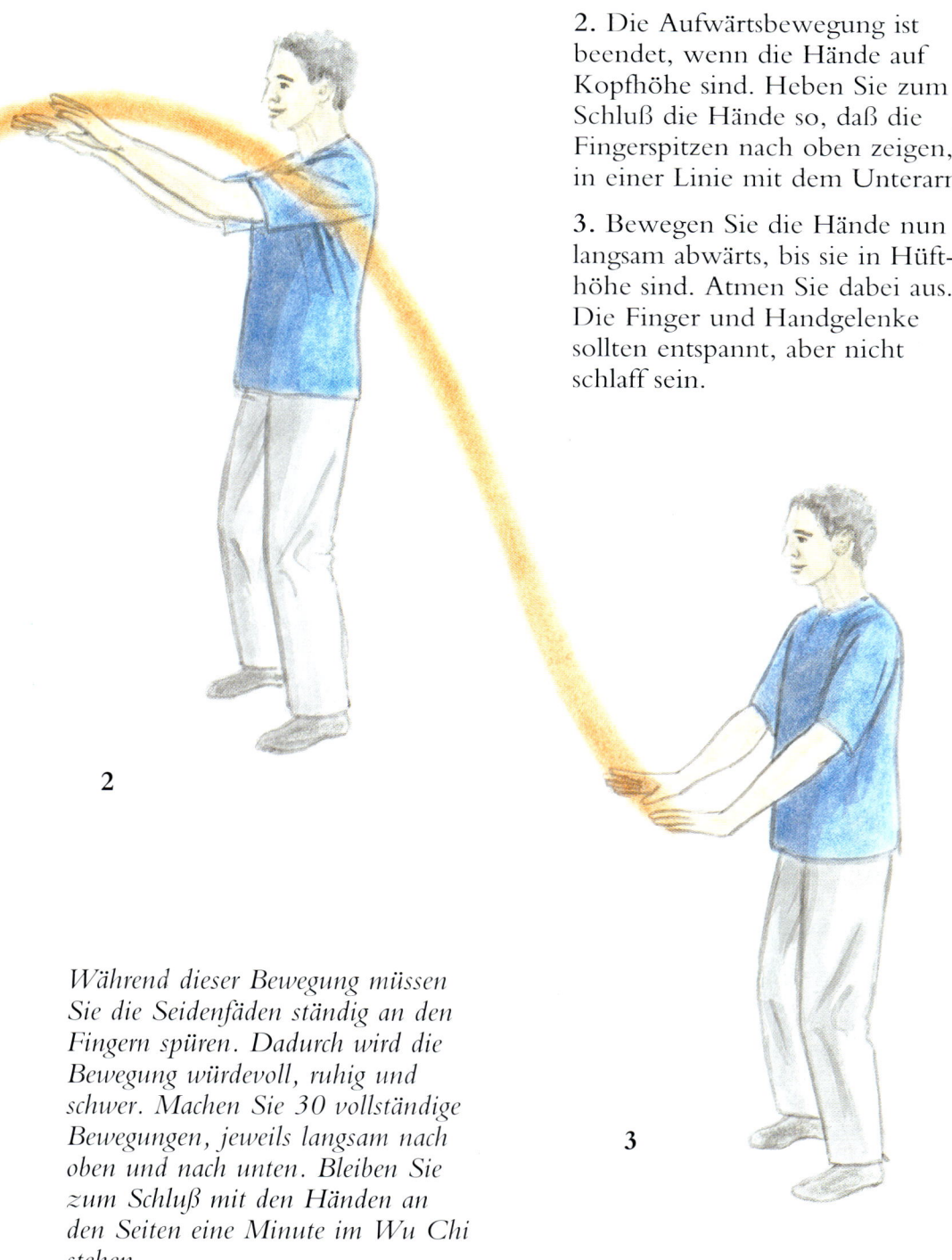

2. Die Aufwärtsbewegung ist beendet, wenn die Hände auf Kopfhöhe sind. Heben Sie zum Schluß die Hände so, daß die Fingerspitzen nach oben zeigen, in einer Linie mit dem Unterarm.

3. Bewegen Sie die Hände nun langsam abwärts, bis sie in Hüfthöhe sind. Atmen Sie dabei aus. Die Finger und Handgelenke sollten entspannt, aber nicht schlaff sein.

Während dieser Bewegung müssen Sie die Seidenfäden ständig an den Fingern spüren. Dadurch wird die Bewegung würdevoll, ruhig und schwer. Machen Sie 30 vollständige Bewegungen, jeweils langsam nach oben und nach unten. Bleiben Sie zum Schluß mit den Händen an den Seiten eine Minute im Wu Chi stehen.

DER GROSSE FLUSS

Die goldene Kugel rollen

Diese Bewegung fördert die Zirkulation des Chi, weil sie eine ständige Verbindung zwischen den Händen und dem Meer des Chi im Tan Tien herstellt. Die langsame, kreisförmige Bewegung regt aber nicht nur den Chi-Fluß an, sondern erzeugt einen Impuls, der den Chi-Pegel hebt. Wenn Sie diese Übung machen, nehmen Sie mit der Zeit Wärme und Geschmeidigkeit zwischen den Handflächen wahr.

Stehen Sie mit leicht gebeugten Knien im Wu Chi. Halten Sie die Hände vor den Bauch, wobei die Handflächen einander zugewandt sind. Stellen Sie sich vor, Sie halten eine große Kugel aus goldenem Licht oder eine leuchtende Bernsteinkugel in den Händen. Die Finger sind leicht gespreizt.

1. Beschreiben Sie mit der imaginären Kugel einen Kreis, rollen Sie sie vom Bauch hinauf zur Brust. Setzen Sie den Kreis nach außen fort, weg vom Körper.

2. Vollenden Sie den Kreis, indem Sie die Kugel nach unten zum Bauch führen. Die Ellbogen sind leicht gebeugt, so daß sie von selbst der Bewegung der Hände folgen.

Atmen Sie aus, während die Kugel nach oben und außen rollt. Atmen Sie ein, wenn sie nach unten zum Bauch rollt.

Machen Sie mindestens 10 solcher Kreise – wenn Sie wollen, bis zu 30.

Wechseln Sie nun die Richtung der Kugel. Atmen Sie aus, wenn die Hände sich nach außen, weg vom Körper, bewegen. Atmen Sie ein, wenn die Hände sich dem Bauch nähern.

Machen Sie mindestens 10 solcher Kreise – wenn Sie wollen, bis zu 30.

DIE GOLDENE
KUGEL
ROLLEN

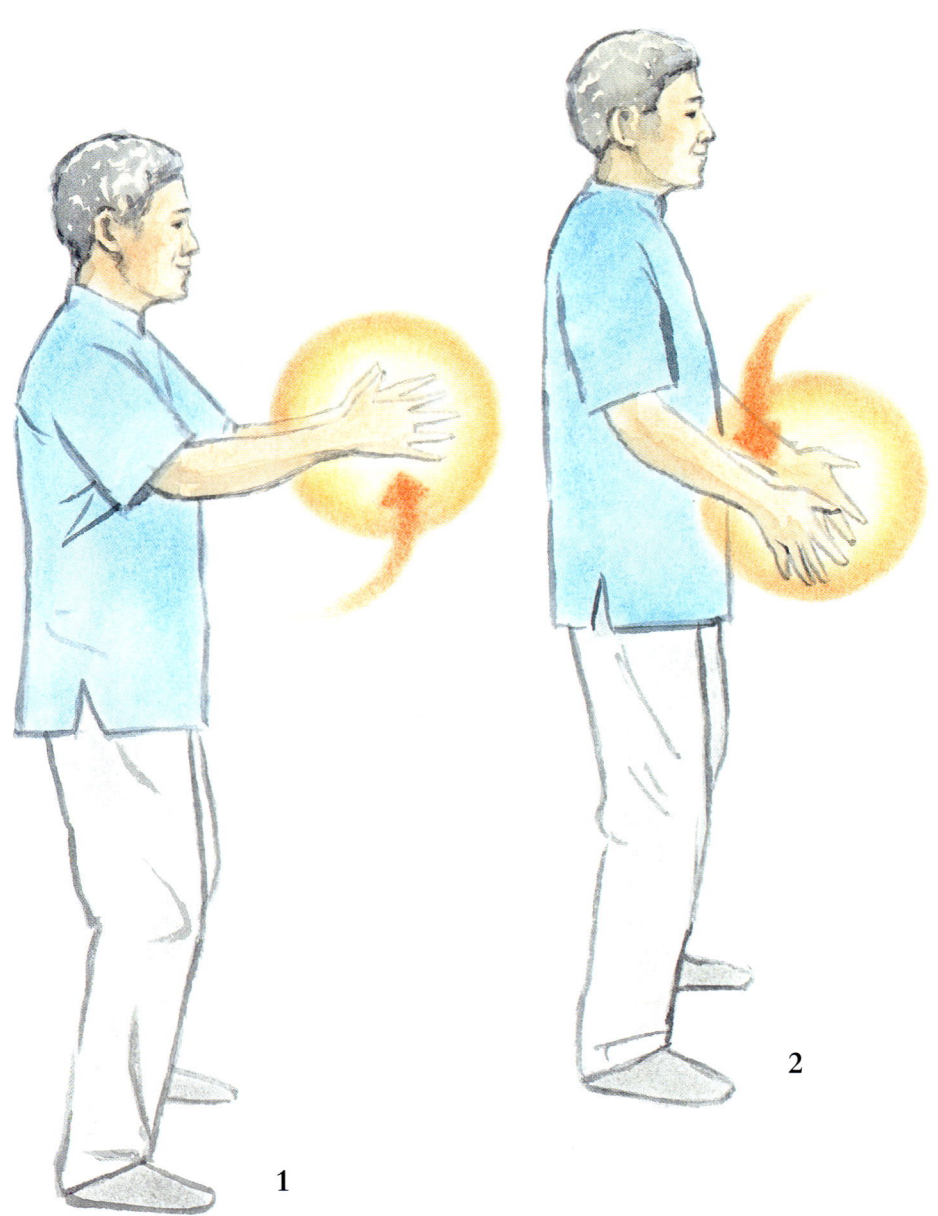

1

2

DER
GROSSE
FLUSS

Die goldene Kugel drehen

Diese Übung nutzt die Kraft der Arme, um die Energie zu vergrößern, die sich zwischen den Händen aufbaut, wenn Sie die goldene Kugel rotieren lassen. Konzentrieren Sie sich dabei auf die Handflächen, und stellen Sie sich die funkelnde goldene Kugel zwischen ihnen vor.

Stehen Sie mit leicht gebeugten Knien im Wu Chi, und halten Sie die Hände auf gleicher Höhe mit der Rumpfmitte vor dem Körper. Die Handflächen sind einander zugewandt, die Schultern sind entspannt.

1. Visualisieren Sie eine goldene Kugel zwischen Ihren Händen. Sie ist warm und fühlt sich gut an. Die Finger sind leicht gespreizt.

2. Drehen Sie die imaginäre Kugel so, daß die rechte Hand oben und die linke unten liegt. Achten Sie darauf, daß unter den Achselhöhlen und im Bereich der Ellbogen viel Platz ist. Ziehen Sie nicht die Schultern hoch. Alle Gelenke von den Schultern bis zu den Händen und Fingern sollten entspannt bleiben.

3. Lassen Sie die Kugel nun in die andere Richtung rotieren, so daß die linke Hand wieder oben und die rechte unten liegt.

Atmen Sie natürlich.

Drehen Sie die Kugel mindestens zehnmal und, wenn Sie sich dabei wohl fühlen, bis zu dreißigmal.

DIE GOLDENE
KUGEL
DREHEN

DER GROSSE FLUSS

Zum Mond zurückblicken

Diese Übung leitet Energie durch den ganzen Körper von den Fußsohlen bis in die Fingerspitzen. Sie öffnet die Energiebahnen in der Wirbelsäule und lindert Verspannungen an der hinteren Seite der Beine, am Rücken und an den Armen. Für Schwangere ist diese Übung nicht geeignet.

1. Stehen Sie ruhig im schulterbreitem Stand, die Füße zeigen nach vorne. Entspannen Sie die Knie, und verteilen Sie Ihr Gewicht gleichmäßig auf beide Füße. Blicken Sie nach vorne. Heben Sie die Arme, als wollten Sie einen großen Ballon vor Ihrer Brust halten. Die Handflächen befinden sich in Höhe der Brust und krümmen sich auf den Körper zu. Die Finger sind gespreizt. Unter den Achselhöhlen und im Bereich der Ellbogen muß viel Platz sein. Entspannen Sie die Schultern.

1

ZUM MOND ZURÜCKBLICKEN

2. Heben Sie den imaginären Ballon vor der Brust hoch, so daß die Hände etwas höher als die Schultern liegen.

3. Drehen Sie nun den ganzen Oberkörper und die Taille langsam nach links, ohne die Stellung der Arme und Füße zu verändern. Atmen Sie dabei aus. Drehen Sie sich so weit wie möglich, ohne daß es schmerzt, und drehen Sie die Hände nach außen, so daß beide Handflächen vom Gesicht abgewandt sind. Bleiben Sie eine Sekunde in dieser Position.

Drehen Sie sich dann langsam wieder nach vorne, und senken Sie dabei den Ballon auf Brusthöhe. Während Sie diese Bewegung vollenden, drehen Sie die Hände so, daß die Handflächen wieder zum Körper zeigen. Bleiben Sie eine Sekunde in dieser Stellung. Wiederholen Sie die Übung sechsmal, abwechselnd nach beiden Seiten.

ZUM MOND ZURÜCKBLICKEN

"Zum Mond zurückblicken" gehört zu einer Bewegungsfolge, die in China "Die acht Brokate" genannt wird. Eingeführt hat sie im 12. Jahrhundert der berühmte General Yeuh Fei, dessen Heer nie geschlagen wurde. "Zum Mond zurückblicken" ist eine der wirksamsten dieser acht Übungen. Sie stimuliert die Nieren und das Nervensystem.

Wenn Sie sich zur Seite drehen, müssen Sie einen guten, soliden Kontakt mit der Erde beibehalten, und die Füße müssen flach auf dem Boden stehen. Heben Sie beim Drehen nicht die Fersen an. Wenn Sie sich so weit wie möglich zur Seite gedreht haben, drücken Sie die Füße sanft auf den Boden. Dann entspannen Sie sich und drehen sich wieder nach vorne.

Drehen Sie sich mit den Hüften und mit der Taille; der Oberkörper folgt von selbst. Wie das Bild auf der vorigen Seite zeigt, bleiben Kopf, Arme und Hände in derselben Position.

Machen Sie insgesamt 6 Drehungen, abwechselnd nach links und rechts. Denken Sie daran auszuatmen, wenn Sie sich nach hinten drehen, und einzuatmen, wenn Sie sich wieder nach vorne drehen. Machen Sie dann eine Pause, und atmen Sie ganz natürlich, bevor Sie sich nach der anderen Seite drehen.

Blicken Sie zum Schluß wieder nach vorne, lassen Sie die Hände an die Seiten sinken, und bleiben Sie eine Minute ruhig stehen, damit die Übung ihre volle Wirkung entfalten kann.

DER
GROSSE
FLUSS

Die Hände wie Wolken bewegen

Diese klassische Übung eignet sich hervorragend dazu, Geist und Körper in Einklang zu bringen. Sie leitet Chi durch den ganzen Organismus und wird oft empfohlen, um mit starkem, plötzlichem Streß oder Zorn fertig zu werden.

Das Wichtigste ist, daß Sie die Hände und Arme in zwei langsamen, großen Kreisen bewegen, die nach außen, weg von der Körpermitte, führen.

Zunächst stehen die Füße schulterbreit und parallel. Die Knie sind leicht gebeugt, der Bauch ist entspannt.

Heben Sie die linke Hand vor die linke Seite der Brust und die rechte Hand vor den Bauch. Spreizen Sie die Finger ein wenig.

Entspannen Sie die Schultern. Unter den Achselhöhlen und Ellbogen muß viel Platz sein.

Führen Sie die linke Hand zur Seite, und drehen Sie dabei die Handfläche nach außen. Ellbogen und Handgelenke bleiben entspannt.

Während die linke Hand sich vom Rumpf entfernt, heben Sie allmählich die rechte Hand vor der Brust. Der Kopf dreht sich ruhig, so daß Sie der rechten Hand mit den Augen folgen können.

Jede Hand beschreibt einen vollständigen Kreis, wie die Abbildung rechts zeigt. Wenn eine Hand sich langsam vor der Brust hebt, vollendet die andere den Kreis nach unten.

Atmen Sie natürlich, während die Hände sich behutsam und fließend bewegen. Machen Sie anfangs 10 synchrone Kreise, und steigern Sie sich, wenn möglich, auf 30.

DIE HÄNDE
WIE WOLKEN
BEWEGEN

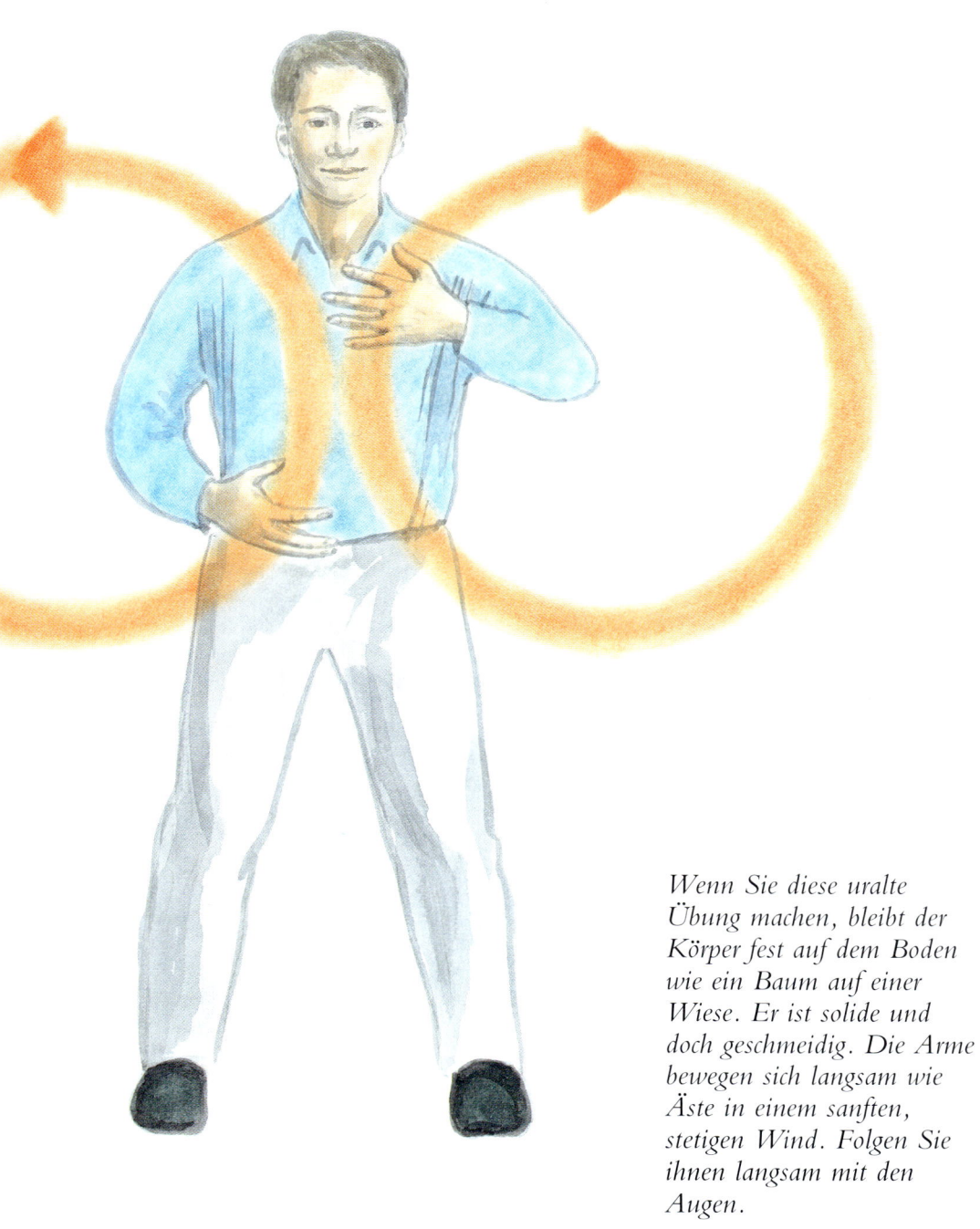

Wenn Sie diese uralte Übung machen, bleibt der Körper fest auf dem Boden wie ein Baum auf einer Wiese. Er ist solide und doch geschmeidig. Die Arme bewegen sich langsam wie Äste in einem sanften, stetigen Wind. Folgen Sie ihnen langsam mit den Augen.

DER GROSSE FLUSS

Um die "Wolken Übung" zu erlernen, sollten Sie die Bewegungen der Hände einzeln üben. Sobald Sie mit der Kreisbewegung jedes Armes vertraut sind, können Sie mit beiden zusammen üben.

1. *Halten Sie die linke Hand neben dem Kopf. Die Handfläche zeigt nach außen, die Finger sind leicht gespreizt. Die rechte Hand befindet sich in Höhe der Taille; die Handfläche zeigt zum Bauch.*

2. *Beschreiben Sie mit der linken Hand einen sanften Bogen weg vom Gesicht. Dabei dreht die Handfläche sich nach außen und führt die Bewegung nach unten an.*

4. *Setzen Sie den Kreis fort, und führen Sie die Hand hinauf vor das Gesicht. Nun können Sie von vorne beginnen.*

3. *Die Hand erreicht das untere Ende des Bogens und steigt wieder. Die Handfläche zeigt zum Körper.*

DIE HÄNDE
WIE WOLKEN
BEWEGEN

Wenn Sie mit der Übung vertraut sind, können Sie die Bewegungen der Hände, des Kopfes und der Augen koordinieren.

1. Stellen Sie sich vor, Ihre Hände schweben wie Wolken durch die Luft, und Sie schauen ruhig zu. Beobachten Sie zunächst eine Hand. Drehen Sie die Hand so, daß sie ihrer Bewegung - weg vom Körper - mit den Augen folgen können.

2. Wenn die Handfläche nach außen zeigt und sich vom Kopf weg bewegt, schwingt die andere Hand nach oben und beginnt ihren Kreis.

3. Drehen Sie langsam den Kopf zur Mitte, so daß Sie die Handfläche der anderen Hand sehen, die ihre Aufwärtsbewegung beginnt. Kopf und Blick folgen entspannt dieser Handfläche.

DER
GROSSE
FLUSS

Greifen und Zurückziehen

Dies ist die wichtigste Bewegung der bekanntesten Tai-Chi-Form. Sie fördert die Koordination des ganzen Körpers und lockert die Gelenke. Sie gehört zur Sequenz "Nach dem Schwanz des Sperlings greifen".

Diese anmutige Bewegung gleicht der einer Fahne im Wind. Der Körper schwingt leicht vor und zurück, die Hände folgen ihm mühelos.

1. Die Füße sind in schulterbreitem Stand. Drehen Sie die Hüften nach links, und stellen Sie den linken Fuß so, daß er nach links zeigt. Der Winkel zwischen der rechten und der linken Ferse beträgt 90 Grad. Verlagern Sie 60 Prozent Ihres Gewichts auf den linken Fuß.

2. Heben Sie den linken Arm, so daß die linke Handfläche der Brustmitte zugewandt ist. Stellen Sie sich vor, Sie halten einen großen Ballon zwischen Unterarm und Brust. Heben Sie die rechte Hand zur Hüfte.

3. Die rechte Hand schwingt langsam nach oben. Dort hält sie inne (mit der Handfläche nach oben), als hielten Sie den Ballon zwischen den Händen.

4. Führen Sie die linke Hand langsam nach oben, weg vom Körper, als wollten Sie nach einem Objekt vor Ihrem Kopf greifen.

5. Verlagern Sie Ihr Gewicht auf den rechten Fuß, und beugen Sie dabei das rechte Knie ein wenig. Führen Sie die Hände zum Körper, als zögen Sie ein großes Objekt behutsam zum Bauch. Der Abstand der Hände bleibt dabei gleich.

Setzen Sie die Sequenz fort, indem Sie den rechten Arm heben (Abbildung 2), so daß aus der Bewegung eine fließende Schleife wird.

DER GROSSE FLUSS

Die fließende Schleife nach rechts

Wenn Sie mit den einzelnen Bewegungen der Übung vertraut sind, sollten diese fließend ineinander übergehen. Während der Körper sich vor und zurück bewegt, verlagern Sie 60 Prozent Ihres Gewichts erst auf den vorderen Fuß, dann auf den hinteren. Eine Unterbrechung sollte es nicht geben. Sie gleichen einem Fluß, dessen Energie ewig fließt.

GREIFEN
UND
ZURÜCKZIEHEN

*Die fließende Schleife
nach links*

Damit das Chi während dieser fließenden Übung gleichmäßig fließt, sollten Sie weder die Ellbogen noch die Knie strecken oder versteifen. Arme und Beine müssen entspannt bleiben. Entwickeln Sie ein Gefühl für die langsame, entspannte Bewegung, und achten Sie darauf, daß Handgelenke und Finger sich anmutig bewegen wie die Enden langer Luftschlangen.

Lernen Sie zunächst die grundlegenden Bewegungen. Sobald Sie imstande sind, diese zu verbinden, können Sie die ganze Sequenz zehnmal nach rechts machen. Halten Sie dann inne, und schwingen Sie zehnmal nach links. Wenn Sie kräftiger geworden sind, können Sie bis zu 30 Sequenzen nach jeder Seite machen.

Schieben und Stoßen

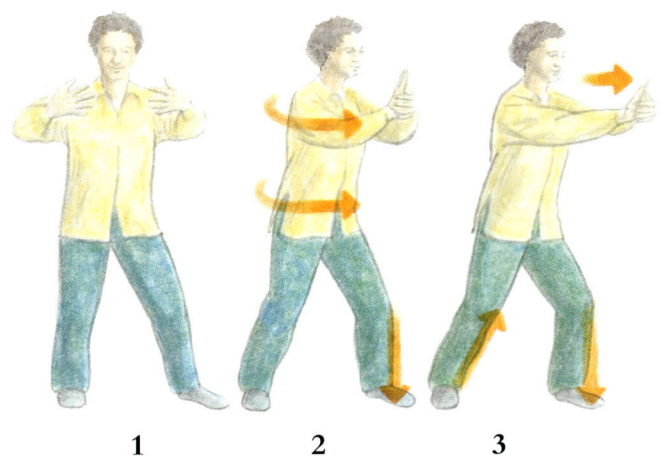

1   2   3

1. Die Füße stehen schulterbreit. Drehen Sie den linken Fuß so, daß er etwa 90 Grad nach links zeigt. Heben Sie beide Arme, als hielten Sie einen großen Ballon zwischen den Handflächen und dem Brustkorb.

2. Drehen Sie die Hüften nach links, und verlagern Sie Ihr Gewicht zu 60 Prozent auf den linken Fuß. Führen Sie die Handballen zusammen, so daß sie sich kreuzen und wie ein Schmetterling mit ausgebreiteten Flügeln aussehen. Die Arme sind etwas gebeugt, die linke Hand liegt außen.

3. Schieben Sie die Hände langsam nach vorne, und nutzen Sie die Kraft des hinteren Beines, um 70 Prozent Ihres Gewichts auf den linken Fuß zu verlagern. Stellen Sie sich vor, daß der Ballon zwischen Armen und Brust größer wird, so daß die Arme sich leicht nach außen bewegen. Die Ellbogen bleiben gebeugt.

SCHIEBEN
UND
STOßEN

Diese Bewegung, ebenfalls ein Teil von "Nach dem Schwanz des Sperlings greifen", versetzt die Energie des Körpers noch kräftiger in Bewegung.

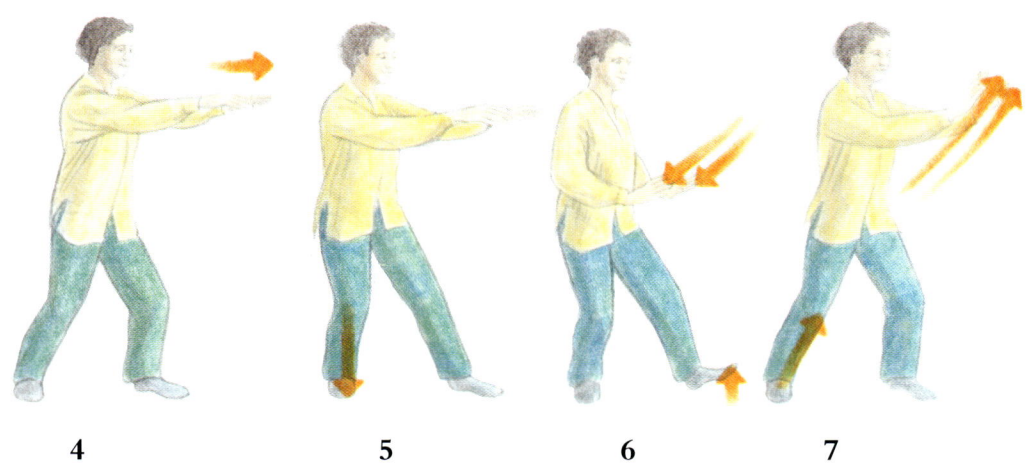

4 **5** **6** **7**

4. Trennen Sie die Hände, und drehen Sie die Handflächen nach unten. Die Hände entfernen sich waagrecht voneinander, bis sie eine Schulterbreite Abstand haben. Die Finger zeigen nach vorne.

5. Die Hände bleiben still. Verlagern Sie 70 Prozent Ihres Gewichts behutsam zurück auf den rechten, hinteren Fuß. Beugen Sie dabei das rechte Knie. Der Rumpf bleibt gerade, aber der ganze Körper spürt, daß er auf dem rechten Fuß nach unten sinkt.

6. Führen Sie gleichzeitig die Hände diagonal nach hinten und nach unten zur Taille. Heben Sie den linken Fuß, so daß nur die Ferse auf dem Boden bleibt.

7. Schieben Sie sich mit dem rechten Fuß nach oben und nach vorne, bis der linke, vordere Fuß 70 Prozent Ihres Gewichts trägt. Strecken Sie die Arme nach vorne und nach oben. Zum Schluß ist der Rumpf gerade. Die Hände sind in Schulterhöhe und zeigen in einem Winkel von 45 Grad nach oben. Die Ellbogen sind leicht gebeugt.

THE GREAT RIVER

擠
按

Wenn Sie die einzelnen Bewegungen gelernt haben, fügen Sie die ganze Sequenz zusammen. Sie bewegen sich wie eine Welle im Meer; der ganze Körper drückt die Zunahme der Energie, ihre Freisetzung und ihre Rückkehr aus. Sobald Sie mit der Sequenz vertraut sind, bewegt der Körper sich wie eine Einheit. Die Kraft dafür liefern ihm die subtilen Gewichtsverlagerungen von einem Fuß auf den anderen.

Die fließende Schleife nach rechts

SCHIEBEN
UND
STOSSEN

Lernen Sie zunächst die einzelnen Bewegungen, und machen Sie dann die gesamte Sequenz zehnmal nach rechts und zehnmal nach links. Wenn Sie wollen, steigern Sie sich auf bis zu 30 Sequenzen nach beiden Seiten.

Die fließende Schleife nach links

運気

TEIL DREI

AUF
DEN WELLEN
REITEN

Mit der inneren Kraft arbeiten

Einführung

Die inneren Organe sind entspannt, und die Gedanken sind ruhig. Die Muskeln sind stark, Augen und Ohren sind wach und klar. Wahrnehmung und Verstand sind scharf. Du bist straff und voller Kraft und dennoch geschmeidig.

HUAI-NAN TZU

Wenn Sie damit beginnen, die Verspannungen abzubauen, die sich im Laufe der Jahre im Körper angesammelt haben, fließt das Chi kräftiger und gleichmäßiger. Jeder Mensch erlebt diesen Wandel anders. Vieles hängt davon ab, wie der Streß sich aufgestaut hat.

Die Transformation erfaßt das fundamentale Energiemuster. Sie spüren allmählich, daß Sie innerlich stärker geworden sind. Dieses Gefühl des Wellenreitens entspricht dem Energiemuster auf Seite 12 und 13:

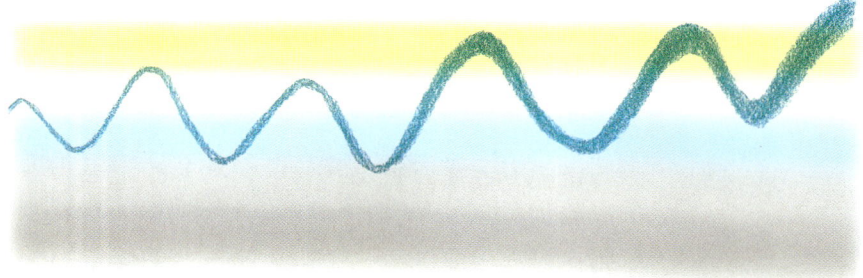

In diesem Teil des Buches stelle ich Ihnen die wirksameren Zhan-Zhuang-Stellungen vor. Durch diese Übungen können sie das Chi im Organismus beträchtlich vermehren und sein Fließen verbessern. Die Übungen sind aber auch anspruchsvoller, weil sie ernstere Probleme angehen, die Ihr Potential verringern.

Es gibt vor allem zwei Schwierigkeiten. Erstens können in diesen Positionen starke Muskelschmerzen auftreten. Ihre Ursache sind Verspannungen. Lindern Sie diese Beschwerden, indem Sie die Muskelfasern im betroffenen Körperteil bewußt entspannen. Die zweite Schwierigkeit betrifft das Nervensystem. Es kann sein, daß Ungeduld, unerträgliche Langeweile und Reizbarkeit Sie überwältigen - Überbleibsel des jahrelangen Stresses. Das Gegenmittel ist die Beruhigung des Geistes (Seite 38 - 39) im Stehen.

Noch ein Punkt ist sehr wichtig für alle Übenden, unabhängig von ihrer Erfahrung. Er gilt für alle Übungen in diesem Buch, vor allem aber zu Beginn der anstrengenderen Zhan-Zhuang-Positionen. Manche Übenden sehen dabei recht grimmig aus, ohne es zu wissen. Sie pressen die Lippen zusammen und verengen die Augen - als müßten sie eine bittere Medizin schlucken.

Denken Sie daran, daß Sie heilende Übungen machen und sich nicht selbst bestrafen. Das sollte sich in einem Lächeln widerspiegeln. Entspannen Sie zunächst die Gesichts- und Halsmuskeln, und schließen Sie dabei kurz die Augen, wenn Sie wollen. Dann sollte sich ein Lächeln ganz natürlich von innen her formen und ausdrücken, sobald Sie die Augen öffnen. Dieses Lächeln sollte Ihr Begleiter sein, während Sie stehen.

Es ist sehr hilfreich, regelmäßig zu üben. Wenn Sie 5 Minuten am Tag üben und sich langsam steigern, so ist das besser, als einen Tag lang intensiv zu üben, um eine Woche des Müßiggangs auszugleichen!

AUF DEN WELLEN REITEN

直胸撐技

Den Ballon halten

Sobald Sie gelernt haben, ohne größere Schwierigkeiten bis zu 10 Minuten im Wu Chi (Seite 34 - 35) zu stehen, können Sie mit dieser Übung beginnen. Sie ist anstrengender und dauert länger, aber sie fördert den Chi-Fluß im Organismus erheblich. Das kann unangenehme Empfindungen auslösen. Manche Übenden spüren die Anstrengung in den Muskeln, andere haben das Gefühl, von Nadeln gestochen zu werden oder eine ungewohnte Haltung einzunehmen. Wenn Sie ständig krumm oder schief gehen und stehen, gewöhnen Sie sich mit der Zeit daran, und es dauert eine Weile, bis das Nervensystem und die Muskeln sich auf die ausgewogene und symmetrische Position des Chi Kung eingestellt haben.

Stehen Sie zunächst im Wu Chi. Die Beine sind in schulterbreitem Stand. Um die neue Stellung einzunehmen, sinken Sie etwa 5 cm nach unten. Stellen Sie sich vor, Sie wollen sich auf einen Stuhl setzen; das hilft Ihnen, aufrecht zu bleiben. Verteilen Sie Ihr Gewicht gleichmäßig auf beide Füße. Die Knie dürfen nicht über die Füße hinausragen.

Heben Sie nun langsam beide Arme, als wollten Sie jemanden sehr sanft umarmen. Führen Sie die Hände zur Brust hinauf, aber nicht bis zu den Schultern. Die Ellbogen sollten etwas tiefer als die Handgelenke sein.

Der Abstand zwischen den Fingerspitzen jeder Hand sollte in etwa der Breite einer Faust entsprechen.

Spreizen Sie die Finger, und heben Sie die Daumen ein wenig an, jedoch ohne Anspannung.

DEN
BALLON
HALTEN

DEN BALLON HALTEN

Wenn Sie die Position "Den Ballon halten" eingenommen haben, können Sie genau auf Ihre Haltung achten. Die Details sind wichtig, weil diese Stellung, korrekt ausgeführt, allmählich subtile Haltungsfehler und verborgene Blockaden der inneren Energieströme beseitigt.

Stellen sie sich vor, Sie halten einen großen Ballon zwischen den offenen Händen und der Brust. Die Hände krümmen sich leicht um den Ballon. Zwischen Armen und Brustkorb sowie unter den Ellbogen und Achselhöhlen muß viel Platz sein.

Es kann sein, daß Sie unbewußt die Schultern heben, wenn Sie die Arme in die Position bringen. Lassen Sie die Schultern entspannt sinken.

Entspannen Sie auch den Brustkorb, indem Sie beim Ausatmen die Rumpfmuskeln lockern.

Achten Sie auf die Stellung des Kopfes und des Halses. Der Kopf sollte gerade sein, also nicht nach vorne oder hinten geneigt und auch nicht hochgezogen sein. Stellen Sie sich vor, eine Linie verläuft quer über den Schädel von einer Ohrenspitze zur anderen und Sie sind daran aufgehängt.

Schieben Sie nicht das Kinn vor, sondern ziehen Sie es bequem ein. Atmen Sie natürlich, und versuchen Sie nicht, den Atemrhythmus zu beeinflussen.

Bei dieser Übung geht es einfach darum, mehrere Minuten still zu stehen. Beginnen Sie mit einigen Minuten, und steigern Sie sich Tag für Tag, bis Sie 5 bis 15 Minuten lang entspannt und bewegungslos stehen können.

直胸撐拔

AUF
DEN WELLEN
REITEN

直胸撐拔

Die Entspannung ist im Chi Kung einer der Schlüssel zum Erfolg. Diese Entspannungsmethode ist einzigartig. Beim Chi Kung schlafen Sie weder ein, noch sinken Sie in einem Sessel zusammen. Sie dösen auch nicht vor sich hin, sondern bleiben wach, ohne sich anzustrengen.

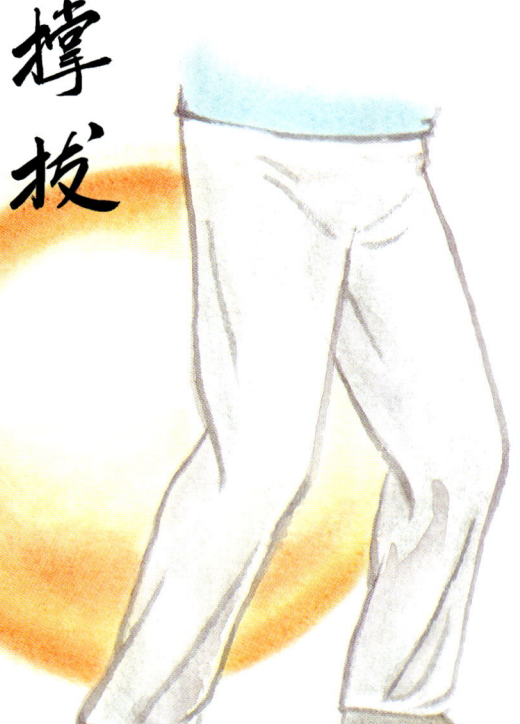

1. Ein großer, imaginärer Ballon, auf dem Sie sitzen, stützt Ihren Oberkörper. Die Wirbelsäule sinkt nach unten, die Gesäßmuskeln entspannen sich.

2. Sie halten einen kleinen, imaginären Ballon zwischen den Knien. Der Druck reicht gerade aus, um den Ballon festzuhalten; dennoch sind Sie nicht angespannt. Dadurch verhindern die Muskeln innen an den Oberschenkeln, daß die Beine sich nach außen biegen.

DEN
BALLON
HALTEN

Die Methode besteht darin, Gedanken und Gefühle ganz auf die vorgestellten Ballons zu richten. Sobald Sie mit dieser Art der inneren Arbeit vertraut sind, stehen Sie völlig stabil und sind tief entspannt.

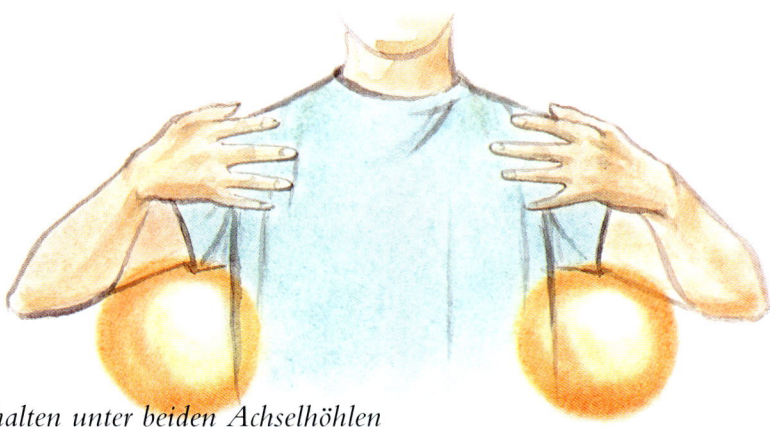

3. *Sie halten unter beiden Achselhöhlen einen imaginären Ballon, der die Unterarme stützt und vom Brustkorb fernhält, so daß die Lungen frei atmen können. Sie entspannen sich in den Ballon hinein und spüren, wie die steifen Schultern sich lockern.*

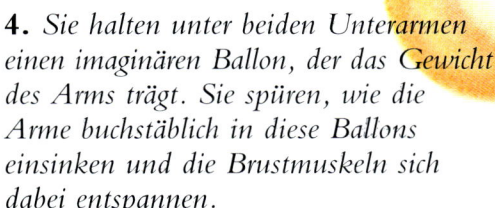

4. *Sie halten unter beiden Unterarmen einen imaginären Ballon, der das Gewicht des Arms trägt. Sie spüren, wie die Arme buchstäblich in diese Ballons einsinken und die Brustmuskeln sich dabei entspannen.*

Die Galaxis

Der alte chinesische Philosoph Chuang-tse war für seine große Liebe zur Natur bekannt. Er fühlte sich mit dem ganzen Kosmos verbunden: „Der Himmel, die Erde und ich leben zusammen, und alle Dinge und ich bilden eine untrennbare Einheit".

Manchmal, wenn wir zum Nachthimmel emporblicken und die Sterne betrachten, träumen wir davon, durch das Weltall zu reisen - als hätten wir alles vergessen, was wir von den Astronomen gelernt haben. In Wahrheit *sind* wir Raumfahrer, die mit atemberaubender Geschwindigkeit durch das Universum rasen.

Um Signale aus dem Weltraum zu empfangen, stellen wir große "Schüsseln" auf, die elektromagnetische Schwingungen empfangen. Das gleiche Prinzip nutzen wir, um Fernsehprogramme per Satellit zu empfangen.

Ähnlich verhält es sich, wenn wir Chi Kung üben. Jeder Mensch ist ein Empfänger für die Energie, die uns umgibt. Wir reisen durch die Galaxis, werden von ihren Signalen beeinflußt und ziehen ihre Energie an. Das ist ein ständiger, natürlicher Prozeß, und wenn wir Chi Kung üben, können wir erheblich mehr Energie aufnehmen.

Wenn wir "Den Ballon halten", wird der Kreis, den die Arme formen, zur Empfangsantenne für das Universum. Je mehr wir uns in dieser Position entspannen und je länger wir üben, desto empfindsamer reagieren wir auf die Energie unserer Umgebung, die auch uns durchströmt.

Mit der Zeit lernen wir durch eigene Erfahrung verstehen, was Chuang-tse gemeint hat: „Der Himmel, die Erde und ich leben zusammen."

AUF
DEN WELLEN
REITEN

Nach außen öffnen

Die nächste Chi-Kung-Position fördert die Persönlichkeitsentwicklung. Sie sollten sie nur üben, wenn Sie mit der vorigen Stellung, "Den Ballon halten", vertraut sind und sich mindestens 15 Minuten am Tag dem Chi Kung widmen.

Die neue Übung verbessert auch die Ausdauer. Sie stellt größere Anforderungen an die Bein- und Armmuskeln sowie an das Nervensystem. Sie sind versucht aufzugeben, und Sie brauchen viel Geduld, um die Position bewegungslos beizubehalten.

Wenn diese Stellung Ihnen neu ist, sollten Sie sich vorher aufwärmen. Machen Sie zuerst eine oder zwei Bewegungsübungen aus Teil zwei, stehen Sie dann 5 Minuten im Wu Chi, und halten Sie anschließend weitere 5 Minuten den Ballon.

Während Sie den Ballon halten, sinken Sie etwa 5 cm nach unten. Nun gehen Sie noch tiefer, achten aber darauf, daß die Knie nicht über die Zehen hinausragen. Versuchen Sie, dabei aufrecht zu bleiben und das Gesäß nicht nach hinten zu schieben.

Wenn Sie nach unten sinken, spüren Sie die Spannung in den Beinmuskeln, die sofort die Durchblutung verbessert und damit ein altes Chi-Kung-Sprichwort bestätigt: „Die Beine sind das zweite Herz".

Trotz der Anstrengung müssen Sie entspannt bleiben. Versuchen Sie, die Anspannung im Kreuz und im Gesäß zu lösen.

Heben Sie dann die Arme, und drehen Sie die Handflächen nach außen, weg vom Gesicht, so daß die Handrücken sich auf Augenhöhe befinden.

Die Finger bleiben leicht gespreizt, die Handflächen und Daumen sind entspannt.

NACH AUSSEN ÖFFNEN

NACH AUSSEN ÖFFNEN

Wenn Sie diese Position einnehmen, spüren Sie eine Chi-Woge. Vielleicht wird Ihnen heiß, und Sie beginnen zu schwitzen. Es kann auch sein, daß die Haut oder die Finger prickeln. Dieses Phänomen wird bisweilen "Echo des Chi" genannt. Wenn Sie zittern, so ist dies auf das Chi zurückzuführen, das wie eine Welle gegen die Hindernisse in den Energiebahnen schlägt.

Behalten Sie diese Stellung anfangs nur kurz bei. Es ist besser, die korrekte Haltung eine Minute lang durchzuhalten, als fünf Minuten in einer falschen Haltung zu verbringen. Für manche Übenden genügt es völlig, wenn sie die Position anfangs eine halbe Minute beibehalten. Steigern Sie sich allmählich, und vergessen Sie nicht, sich zu entspannen.

Wenn die Position Ihnen sehr schwer fällt, beugen Sie die Knie etwas weniger, um die Beinmuskeln zu entlasten. Die Arme können Sie langsam senken und "den Ballon halten". Beobachten Sie den Körper, und entspannen Sie alle Muskeln, die es nötig haben.

Wie beim "Halten des Ballons" (Seite 82 - 83) stellen Sie sich vor, daß Sie auf einem großen Ballon sitzen und einen anderen zwischen den Knien halten. Andere Ballons stützen die Oberarme. Alle tragen Ihr Gewicht.

Um die Position korrekt durchzuhalten, müssen Sie darauf achten, daß viel Raum unter den entspannten Armen und Händen ist. Sie fühlen diesen Raum vor Ihren offenen Händen - es ist, als lägen sie vor Ihnen auf einer unsichtbaren Stütze.

Seitwärts ausstrecken

Sobald Ihre Energie dank Chi Kung zunimmt, fließt sie wie ein mächtiger Strom aus dem tiefsten Inneren in die Peripherie des Körpers. Die nächste Position fördert diesen Prozeß und hilft Ihnen, trotz des stärkeren Chi-Stromes stabil zu bleiben.

Beginnen Sie mit dieser Übung, wenn Sie ein wenig Erfahrung mit dem "Öffnen nach außen" haben und die Hände mindestens 3 bis 5 Minuten in Kopfhöhe halten können.

Stehen Sie zunächst 5 Minuten im Wu Chi, und halten Sie dann weitere 5 Minuten den Ballon.

Sinken Sie 5 Zentimeter tiefer, ohne daß die Knie über die Zehen hinausragen. Sie sollten spüren, daß das gesamte Körpergewicht auf dem imaginären Ballon unter Ihrem Gesäß ruht. Dieses Gefühl, nach unten zu sinken, ist äußerst wichtig, weil es Sie mit der Zeit befähigt, in Kontakt mit der Energie der Erde zu kommen.

Führen Sie die Arme langsam nach unten und außen an die Seiten. Die entspannten Hände befinden sich in Höhe der Gürtellinie ein wenig vor dem Körper. Die Finger sind etwas gespreizt.

Ziehen Sie nicht die Schultern hoch, und lockern Sie die Ellbogen und Knie.

Wenn Sie mindestens 3 - 5 Minuten in der Position "Nach außen öffnen" stehen können, schaffen Sie in dieser Stellung wahrscheinlich 5 Minuten, ohne sich zu bewegen. Versuchen Sie es, und steigern Sie sich dann auf 10 Minuten.

SEITWÄRTS
AUSSTRECKEN

SEITWÄRTS AUSSTRECKEN

Wenn Sie große Meister beim Chi Kung beobachten, verstehen Sie zunächst nicht, was vorgeht. Gewiß, sie sind irgendwie aktiv, aber gleichzeitig ruhig, als empfänden sie tiefen inneren Frieden.

Um das zu erreichen, müssen Sie sich vollständig auf die Übung konzentrieren. Wenn Sie sich "seitwärts ausstrecken", stellen Sie sich wieder einige Ballons vor, die für die innere Entspannung wichtig sind.

Der erste Ballon ist der, auf dem Sie sitzen. Konzentrieren Sie sich auf ihn, damit Sie den Rücken völlig entspannen können. Sie sollten das Gefühl haben, tief in den Ballon einzusinken.

Der nächste ist der kleine Ballon zwischen den Knien. Halten Sie ihn sanft fest, damit die Beine die korrekte Position beibehalten.

Zwei Ballons befinden sich unter den Achselhöhlen; sie sorgen dafür, daß die Arme nicht den Rumpf berühren.

Außerdem visualisieren Sie vier weitere Ballons. Zwei von ihnen befinden sich unter den Händen. Es ist, als trieben die Hände in einem Fluß. Das Wasser gibt ihnen zusätzlichen Auftrieb, so daß sie das ganze Gewicht der gestreckten Arme tragen können. Das fließende Wasser verleiht den Ballons zudem Vitalität, so daß sie sich unaufhörlich unter den Handflächen bewegen. Der Fluß würde sie mitnehmen, wenn Sie es nicht sanft verhindert würden.

Die zwei restlichen Ballons liegen auf Ihren Handrücken. Wie ein geschickter Jongleur halten Sie auch diese beiden mühelos in Position.

AUF
DEN WELLEN
REITEN

Die vollständige Sequenz

Wenn Sie die grundlegenden Positionen im Stehen gelernt haben, können Sie eine vollständige Sequenz daraus machen. Das wird Ihr gesamtes Energiesystem erfrischen und Ihr Nervensystem beruhigen. Nehmen Sie sich Zeit, damit Sie so entspannt wie möglich bleiben.

Legen Sie sanfte Instrumentalmusik auf, und schließen Sie die Augen.

Der Übergang zwischen den Positionen sollte langsam und fließend sein.

Vor und nach jeder Position sammeln Sie Energie im Tan Tien, indem Sie mit den Händen auf dem Bauch stillstehen.

Das ist die Position "Das Chi sammeln", Seite 26 - 27.

Chi sammeln
2 Minuten

1. Wu Chi
3–5 Minuten

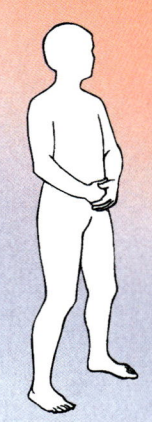

Chi sammeln
2 Minuten

DIE VOLLSTÄNDIGE SEQUENZ

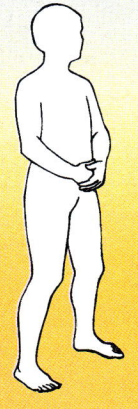

Chi sammeln
2 Minuten

5. Seitwärts ausstrecken
3–5 Minuten

Chi sammeln
2 Minuten

4. Nach außen öffnen
3–5 Minuten

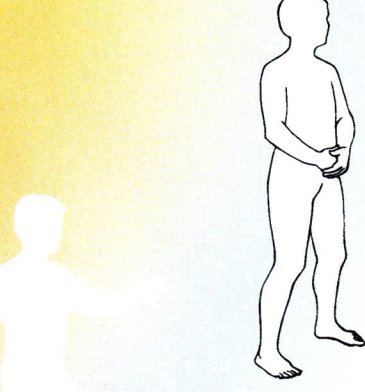

Chi sammeln
2 Minuten

3. Den Ballon halten
3–5 Minuten

Chi sammeln
2 Minuten

2. Der volle Bauch
3–5 Minuten

AUF
DEN WELLEN
REITEN

Die goldene Kugel stärken

Wenn Ihr Chi an Stärke und Volumen gewinnt, fließt es kraftvoller durch den Körper. Diese Übung, "Die goldene Kugel stärken", hilft Ihnen, sich an den stärkeren Chi-Strom zu gewöhnen und die Hände als Leiter für das Chi zu benutzen.

Sie können diese Übung hinzufügen, sobald Sie eine der Positionen aus diesem Teil des Buchs im Stehen beherrschen.

Die Füße sind parallel in schulterbreitem Stand.

Beugen Sie leicht die Knie, ohne daß sie über die Zehen hinausragen.

Entspannen Sie den Rücken, bis Sie spüren, wie die Wirbelsäule an der Basis länger und der Oberkörper locker wird.

Stellen Sie sich vor, Sie halten eine goldene Kugel zwischen den offenen Handflächen, knapp vor dem Bauch. Die Kugel ist flexibel wie ein aufgeblasener Ballon.

DIE GOLDENE KUGEL STÄRKEN

Die Hände vollführen drei verschiedene Bewegungen: sie drücken, schütteln und drehen.

1. *Drücken Sie zuerst die Handflächen zusammen, als wollten Sie den Ballon quetschen. Entspannen Sie die Hände gleich darauf, so daß sie in ihre ursprüngliche Position zurückkehren. Fangen Sie langsam an, damit Sie den geschmeidigen Ballon fühlen, und erhöhen Sie dann das Tempo.*

2. *Schütteln Sie nun die Kugel. Stellen Sie sich vor, sie sei schwer, und versuchen Sie, sie so schnell wie möglich zu schütteln.*

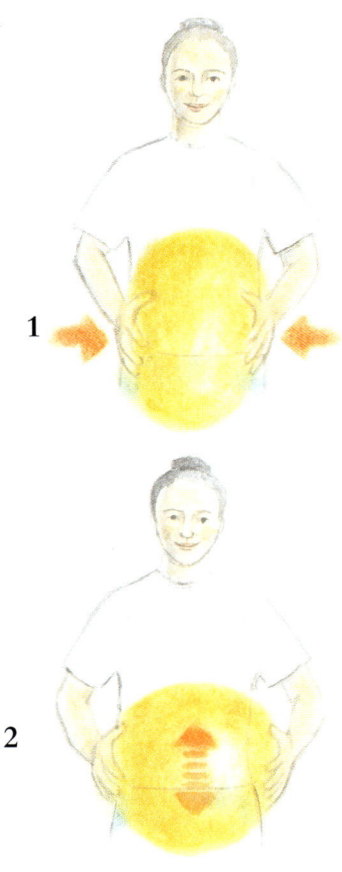

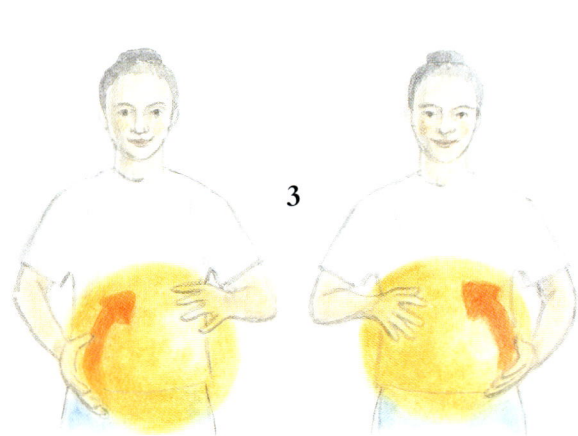

3. *Drehen Sie die Kugel so, daß die Hände abwechselnd oben liegen. Tun Sie das, so schnell Sie können, und vergessen Sie nicht, die Kugel zwischen den Handflächen zu spüren.*

Sobald Sie die drei verschiedenen Bewegungen beherrschen, dürfen Sie sie nach Belieben verbinden. Sie können zum Beispiel manchmal drücken, plötzlich schütteln, dann drehen oder gleichzeitig drehen und drücken und so weiter.

Üben Sie etwa 5 Minuten. Falten Sie dann die Hände auf dem Bauch, und sammeln Sie Chi (siehe Seite 26 - 27).

AUF
DEN WELLEN
REITEN

Der Tiger und der Berg

Dies ist die letzte, kraftvolle Bewegung der meisten klassischen Tai-Chi-Formen. Ihr voller Name lautet: "Den Tiger umarmen und zum Berg zurückkehren". Diese poetische Bezeichnung weist auf die zwei wichtigsten Merkmale der Bewegung hin. Der Tiger symbolisiert die volle Kraft, die Folge des Übens. Das ist eine Kraft, die der Übende allmählich erwirbt, genießt und vollständig zum Ausdruck bringt. Der Berg ist die innere Stille, die "Mutter der Bewegung". Die Kraft wird aus dieser Stille geboren und kehrt zu ihr zurück.

Die spezifischen Elemente der Bewegung sind auf Seite 100 - 103 genau beschrieben. Hier sehen Sie die gesamte Sequenz, damit Sie genau wissen, wie sie abläuft. Zunächst stehen Sie bewegungslos. Dann öffnen Sie die Arme weit und sinken nach unten, als wollten Sie den Tiger hochheben. Mit dem Tiger in den Armen richten Sie sich wieder auf. Dann drehen Sie die Handflächen nach unten und bleiben ruhig stehen: Sie kehren zum Berg zurück.

DER TIGER
UND
DER BERG

Koordinieren Sie die Atmung
Es ist wichtig, die Atmung mit den Hauptphasen dieser Bewegung zu koordinieren. Stehen Sie zunächst still, und atmen Sie natürlich. Beginnen Sie dann mit der Bewegung, und atmen Sie ein, während Sie die Arme heben. Wenn die Arme im Bogen nach unten schwingen, atmen Sie aus. Atmen Sie wieder ein, wenn Sie die tiefste Position erreichen und sich langsam aufrichten, und atmen Sie aus, während Sie die Handflächen zum Schluß nach unten drehen und sich völlig aufrichten. Wenn Sie müde sind, stehen Sie still und atmen Sie ganz natürlich, bevor Sie von vorne anfangen.

Machen Sie ruhig und langsam 10 volle Bewegungen. Später können Sie sich auf 30 oder mehr steigern.

Zum Schluß führen Sie die Hände langsam an die Seiten. Stehen Sie ein paar Minuten still, bis die inneren Energien wieder gleichmäßig fließen.

AUF
DEN WELLEN
REITEN

1. *Stehen Sie, die Füße schulterbreit auseinander, und blicken Sie nach vorne. Die Knie sind leicht gebeugt. Kreuzen Sie die Arme vor der Brust, wobei die Handflächen nach außen zeigen. Die Vorderseite des rechten Handgelenks liegt auf der Rückseite des linken. Atmen Sie natürlich.*

DER TIGER
UND
DER BERG

2. Heben Sie die Arme so, daß die gekreuzten Handgelenke vor der Stirn liegen. Beginnen Sie einzuatmen.

3. Breiten Sie die Arme in einem großen Bogen seitwärts aus.

AUF
DEN WELLEN
REITEN

抱虎歸山

4. Während Sie die Arme senken, gehen Sie in die Hocke, als wollten Sie sich setzen. Beginnen Sie auszuatmen.

5. Während Sie in die Hocke gehen, bleibt der Rücken so gerade wie möglich. Die Füße stehen fest auf dem Boden.

DER TIGER
UND
DER BERG

7. Heben Sie die Hände, als wollten Sie eine große Schüssel heben, bis sie in Brusthöhe sind. Wenn Sie die Hände heben, beginnen Sie, sich aufzurichten und atmen dabei ein.

8. Drehen Sie die Handflächen, so daß sie nach unten zeigen. Atmen Sie aus. Sie stehen nun wieder aufrecht, doch die Knie sind noch leicht gebeugt wie zu Beginn. Nun sind Sie bereit, die Übung zu wiederholen.

6. Wenn Sie so weit in der Hocke sind, wie Sie können, senken Sie die Arme, so daß die Hände sich vor dem Bauch befinden.

Der Schmetterling

Obwohl wir ein Teil der Natur sind, verstehen wir die Natur oft nicht. Wir begreifen nicht einmal, was in unserem Körper vorgeht.

Das ändert sich, wenn wir Chi Kung üben und die Positionen des Zhan Zhuang einnehmen. Sie beeinflussen jeden Aspekt unseres Seins, auch die Bewegung der Blutkörperchen und die Funktion der Nerven.

Die Veränderungen beginnen innen und sind unsichtbar. Sie brauchen Zeit und setzen sorgfältiges Üben voraus. Ein Schmetterling muß sich erst von der Puppe befreien.

Der Schmetterling beginnt seine Arbeit in der Stille. Aus seinem eigenen Körper spinnt er die Puppenhülse. Er zieht Energie nach innen, hört auf, sich zu bewegen und beginnt seine Reise in ein neues Leben.

Die Puppe ist bewegungslos. Ab und zu schwankt sie ein wenig im Wind. Man kann sie leicht mit einem Blatt verwechseln.

In der Puppe verändern sich die Muster des Lebens. Diese Arbeit geht stumm und unsichtbar vor sich. Eines Tages kommt die Energie - erneuert, umstrukturiert und erfrischt - ans Licht.

Wie jede Geburt ist auch diese ein Rätsel. Wenn eine Blume ihre Knospe öffnet oder ein Kind nach dem Schlaf die Augen aufmacht, sind wir Zeugen der großartigen Verwandlungskraft der Natur.

Zuvor war der Schmetterling an die Erde gebunden, erst als Raupe, dann als Puppe. Jetzt ist er flugbereit - sein Geist hat Flügel.

行為活迎

TEIL VIER

DIE HINDERNISSE BESEITIGEN
Sich selbst und andere heilen

DIE
HINDERNISSE
BESEITIGEN

Einführung

Die drei Schätze der Vitalität, der Energie und des Geistes erblühen jeden Tag und erfüllen den ganzen Körper, so daß die kostbare Arznei auf natürliche Weise entstehen kann.

CHUANG-TSE

Sie brauchen Zeit und Geduld, um Chi Kung zu üben und dabei zu reifen. Die Transformation erfolgt langsam, so wie der Stoffwechsel sich allmählich verändert. Da jeder Mensch anders ist, läßt sich nicht vorhersagen, welche Veränderungen eintreten werden.

Wenn Sie Fortschritte machen, verändert sich aber Ihr Chi qualitativ und quantitativ. Das Chi nimmt zu wie ein Fluß auf dem Weg zum Meer. Es wird stärker und fließt gleichmäßiger. Und es steht Ihnen zur Verfügung wie ein Brunnen, der mit frischem Wasser gefüllt ist. Sie haben das Gefühl, auf dem Rücken eines unsichtbaren, starken Tieres zu reiten. Das ist das Energiemuster „Nach außen strahlen" (siehe Seite 13).

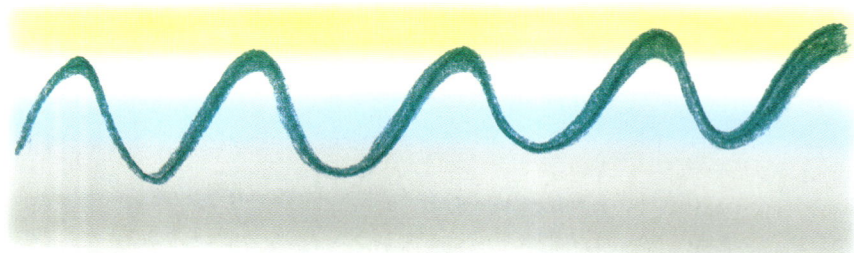

Dieser Energieschub gibt Ihnen Ausdauer, seelische Stärke und die Fähigkeit, Schwierigkeiten mit größerer Zuversicht zu meistern. Nach einer Krankheit oder Verletzung werden Sie schneller gesund.

EINFÜHRUNG

Ihr Geist wird klarer, Sie sehen und hören besser, und Sie haben mehr Sinn für Humor. In China wurden Experimente mit Menschen gemacht, die Zhan Zhuang praktizieren, und man stellte fest, daß sie fünfmal schneller reagieren als andere.

Die erhöhte Energie gleicht einem mächtigen Magnetfeld. Sie können seine Kraft für die Selbstheilung nutzen, aber auch, um anderen zu helfen. In diesem Teil des Buches erkläre ich Ihnen, wie Sie mit den Händen heilen können. Ich stelle Ihnen eine Massage vor, deren Grundlage die klassische chinesische Theorie der fünf Energien ist, und ich zeige Ihnen, wie Sie mit dieser Massage und mit Chi Kung dafür sorgen können, daß Energie ungehindert durch den Körper fließt.

Diese Massagetechnik vereinigt Elemente der Zhan-Zhuang-Tradition des Chi Kung, die der Großmeister Wang Xiang Zhai in China Anfang dieses Jahrhunderts lehrte, mit Elementen der westlichen Schulmedizin, wie Professor Yu Yong Nian, ein ehemaliger Schüler des Großmeisters Wang sie praktiziert (er hat auch Chi Kung in chinesischen Krankenhäusern eingeführt) sowie mit Elementen der traditionellen chinesischen Medizin, die ich studiert habe und praktiziere.

Diese Massage ist nur für Übende geeignet, die Zhan Zhuang gut beherrschen. Wenn Sie die Anleitungen im ersten Teil dieses Buches sorgfältig befolgt haben, werden Sie wahrscheinlich in der Lage sein, mit dieser Massage eigene lokale Verletzungen und Schmerzen zu heilen. Später, mit größerer Erfahrung, können Sie mit Ihrem starken Chi auch Freunden und Angehörigen helfen.

DIE
HINDERNISSE
BESEITIGEN

Segnende Hände

In der Tang-Dynastie belehrte Meister Pai Chang seine Schüler mit dem Gleichnis vom kleinen Jungen, der Ochsen hüten soll. Zuerst kann er keine Ochsen finden.

Nach einigem Suchen entdeckt er einen und lernt, ihn zu zähmen und zu reiten. Im Laufe der Jahrhunderte wurden die Fortschritte des kleinen Hirten auf anmutigen Pinselzeichnungen dargestellt. Die "zehn Bilder vom Kuhhirten" haben Generationen von Übenden inspiriert. Das zehnte Bild, "Mit segnenden Händen auf den Marktplatz gehen", überrascht den Betrachter, weil es scheinbar nichts mit dem Hüten der Ochsen zu tun hat – es zeigt eine beleibte Gestalt, die einen Sack trägt. Der alte Mann soll der Mönch Pu Tai sein, den viele für den Ursprung des lachenden Buddhas halten.

Sein großer Bauch symbolisiert sein enormes Chi, sein riesiger Sack ist mit allem gefüllt, was anderen dient:

"Mit bloßer Brust und bloßen Füßen gehe ich zum Markt. Ohne daß ich Magie benutze, fangen die Bäume vor mir an zu blühen."

Die segnenden Hände der Chi-Kung-Schüler sind Hände von Menschen, die wie der Kuhhirte ihre eigene Energie gefunden und gezähmt haben. Was als Suche nach Gesundheit begann, wird zum Prozeß der Selbstheilung. Sobald wir gelernt haben, uns selbst zu heilen, können wir anderen helfen.

SEGNENDE HÄNDE

DIE
HINDERNISSE
BESEITIGEN

Die beiden Pole

Wenn Sie Chi Kung fleißig üben, werden Ihre Hände allmählich zu starken Energieleitern. Sie gleichen den Polen eines elektrischen Stromes. Einer von diesen Polen ist positiv, der andere negativ. Wenn Sie sensitiver werden und Ihr Chi zunimmt, spüren Sie den unsichtbaren Strom zwischen den Handflächen.

Sie können diesen Strom auf vielfältige Weise nutzen. Sie können mit Ihren Händen heilen wie mit Magneten bei der Magnettherapie. Wenn Sie die Hände auf verschiedene Körperstellen legen, dringt der Strom zwischen den Handflächen durch den Körper.

Stellen Sie sich den Körper oder den Körperteil zwischen den Händen als kleinen Planeten wie unsere Erde vor. Das Energiefeld zwischen den Händen gleicht der galaktischen Energie, welche die Erde umgibt und ihre Biosphäre am Leben erhält.

Sie können mit den "beiden Polen" in vielen Situationen erste Hilfe leisten. Wenn jemand gestolpert ist und sich den Knöchel verstaucht hat, können Sie die Handflächen an beide Seiten der betroffenen Stelle legen. Das beruhigt die Nerven, stabilisiert das Gewebe und lindert oft auch die Schmerzen, die Schwellung und innere Blutungen.

Wenn Sie Zhan Zhuang Chi Kung nicht regelmäßig oder erst seit kurzem praktizieren oder es unkorrekt anwenden, sollten Sie nicht mit wundersamen Ergebnissen rechnen. Wenn Sie dagegen regelmäßig üben und den Energiestrom zwischen den Händen spüren, können Sie Ihr Chi auf verschiedene Weise nutzen. Mehr darüber erfahren Sie auf den folgenden Seiten.

Den Strom vorbereiten

Bevor Sie die Chi-Kung-Massage anwenden, müssen Sie dafür sorgen, daß reichlich Chi in die Hände fließt.

1. Stehen Sie mindestens 5 Minuten in der Position „Den Ballon halten" (Seite 78 - 79). Wenn möglich, gehen Sie etwas weiter in die Hocke als sonst. Der Oberkörper bleibt entspannt, die Finger sind gut gespreizt.

2. Klatschen Sie etwa zwölfmal in die Hände.

3. Wenn Sie die Position beendet haben, reiben Sie die Handflächen einige Sekunden rasch aneinander, um sie zu wärmen.

Jetzt sind Sie für die Massage bereit.

DIE HINDERNISSE BESEITIGEN

Die fünf Energien

Es gibt fünf fundamentale Energiebewegungen. Energie kann sich nach außen und nach innen bewegen, sie kann auf- und absteigen, und sie kann sich drehen. Das Studium dieser Bewegungen bildet die Grundlage einer der berühmtesten chinesischen Weisheitslehren: der Lehre von den fünf Energien.

Wer Chi Kung praktiziert, muß wissen, wie er mit den verschiedenen Energieformen heilen kann. Praktische Beispiele dazu finden Sie auf Seite 126 – 133.

Metall
Metall ist die dichteste Materie. Seine Energie fließt nach innen. So wie man Metall benutzt, um Strom zu leiten und Materialien zu verbinden, hat Metall-Energie eine magnetische Wirkung - sie zieht andere Energien an und verbindet Kräfte. Im chinesischen Kalender entspricht die Metall-Energie dem abnehmenden Mond und dem Herbst, in dem die Natur sich zurückzieht.

Wasser
Die Energie des Wassers steigt ab. Dies ist der Zustand maximaler Ruhe und Konzentration. Die Wasser-Energie ist die Energie der Regeneration und die Basis der Konstitution, der Willenskraft und der Motivation; sie gibt uns die Kraft, zu existieren, zu wachsen, zu handeln und uns fortzupflanzen. Sie gleicht dem Neumond, der zwar dunkel ist, aber bald wieder ins Licht kommt. Sie ist die Energie des Winters: still, verborgen, auf die Wiedergeburt wartend.

DIE FÜNF ENERGIEN

Holz
Die Energie des Holzes dehnt sich aus wie ein Baum. Sie macht uns stark und doch geschmeidig wie ein gesunder Baum, harmonisiert die inneren Funktionen und sorgt für Ausgewogenheit zwischen uns und der Umwelt. Holz-Energie entspricht dem zunehmenden Mond, weil sie wächst und sich ausdehnt. In dieser Phase des Zyklus tauchen Dinge auf und beginnen zu wachsen. Die Holz-Energie macht die Natur fruchtbar - sie ist die Energie des Frühlings.

Feuer
Ohne die Energie des Feuers im Körper wären wir kalt und leblos. Das innere Feuer ermöglicht die zahlreichen chemischen und biologischen Prozesse. Feuer ist die strahlende Energie aller Organe, der Geist des Lebens. Es schenkt uns Bewußtsein, Lebensfreude und Willenskraft. Es verbindet uns mit dem Universum und den anderen Wesen. Feuer ist das Sinnbild menschlicher Wärme; ihm verdanken wir es, daß wir kommunizieren, teilen und mitfühlend sein können.

Erde
Die Energie der Erde bewegt sich horizontal, seitwärts und kreisförmig wie die Planeten. Sie symbolisiert den Wechsel zwischen den Jahreszeiten und den Vollmond, der groß, golden und rund ist. Wie die Erde selbst ist sie geduldig und hilfsbereit. Sie fördert jeden Wandel.

Die heilende Energie des Metalls

Manche Verletzungen und Störungen vernichten Chi. Blut tropft aus einer Wunde, und die Stelle wird schwach und kalt. Wir können unser eigenes Chi nutzen, um den natürlichen Energiestrom wiederherzustellen, und zwar mit einer Metall-Energie-Massage.

Metall-Energie fließt nach innen. Diese Bewegung sorgt für die Dichte und Stärke aller metallischen Substanzen in der Natur.

Bei der Metall-Energie-Massage stützen wir den schwachen Körperteil mit einer Hand, mit der anderen massieren wir ihn zur Mitte hin und führen ihm dadurch Chi zu. Es ist, als folgten wir den Speichen eines Rades zur Nabe.

Sie können unter zwei Techniken wählen. Bei der einen machen Sie einzelne, gerade Bewegungen mit der ganzen Handfläche und den Fingern oder, wenn die betroffene Stelle klein ist, mit einigen Fingerspitzen oder mit der Daumenspitze.

Bei der zweiten Methode machen Sie kleine Kreisbewegungen - nach links oder rechts - in Richtung Mitte.

Wenn der Kranke sehr stark ist und keine großen Schmerzen hat, können Sie ziemlich kräftig drücken. Ist er dagegen schwach oder kann keinen Druck ertragen, machen Sie sanftere Bewegungen an der Hautoberfläche.

Die heilende Energie des Wassers

Wasser strebt nach dem tiefsten Punkt. Es bewegt sich abwärts.

Wir können seine Energie nutzen, um Chi nach unten zu massieren, wenn es sich staut. Dadurch lindern wir Schwellungen und Schmerzen.

Wenn Sie einen Körperteil massieren, den Sie in einer Hand halten können, stützen Sie ihn mit der anderen Hand. Wenn Sie auf dem Rücken oder auf einer anderen großen Körperpartie arbeiten, legen Sie eine Hand als Stütze neben die betroffene Stelle und massieren sie mit der anderen Hand.

Sie können zwischen drei Massagetechniken wählen, je nachdem, welche Ihnen mehr zusagt.

Bei der ersten Methode lassen Sie die Handfläche auf der betroffenen Stelle und in ihrer Umgebung vibrieren. Es ist, als riefen Sie ein Kräuseln auf einer Wasserfläche hervor. Sie drücken die Handfläche auf den Körper und lassen sie zittern, so daß die Schwingungen in das Gewebe, die Muskeln und die Knochen unter der kranken Stelle dringen.

Die zweite Methode besteht darin, nur mit dem Daumen zu vibrieren. Der Druck ist hierbei konzentrierter, da die Daumenspitze klein ist. Wenn dies den Kranken nicht zu sehr schmerzt, bearbeiten Sie die Umgebung der betroffenen Stelle und, wenn möglich, die Stelle selbst.

Bei der dritten Methode drücken Sie mit der ganzen Hand auf die erkrankte Stelle oder ihre Umgebung. Wenn diese Stelle an den Armen oder Beinen liegt, können Sie die Gliedmaßen mit der linken Hand stützen und an der anderen Seite mit der rechten massieren. Auch bei dieser Technik dringt der Druck in das tiefere Gewebe vor.

Die heilende Energie des Holzes

Chi ist eine fließende Energie. Wenn der Körper verletzt ist oder einen starken Schlag bekommt, strömt das Chi aus der Umgebung sofort in die Wunde, um das Gewebe zu schützen. Dabei kann es jedoch zu Stauungen kommen, genau wie im Straßenverkehr.

Wir können den normalen Chi-Fluß wiederherstellen, indem wir den Stau durch eine Holz-Energie-Massage auflösen. Wie die konzentrischen Ringe in einem Baumstamm bewegt diese Energie sich von der Mitte nach außen und kann dabei andere Energie mitziehen.

Sie benutzen für die Massage beide Hände. Wenn Sie den Körperteil in einer Hand halten können, unterstützen Sie ihn mit der linken Hand und massieren mit der rechten. Auf dem Rücken oder einer anderen größeren Fläche legen Sie eine Hand als Stütze neben die betroffene Stelle und massieren mit der anderen Hand.

Es geht darum, blockierte Energie weiterzubefördern. Darum strahlen die Bewegungen von der kranken Stelle nach außen.

Sie können nach Belieben zwischen zwei Massagetechniken wählen. Die Wahl hängt auch vom betroffenen Körperteil ab.

Bei der ersten Methode legen Sie die ganze Hand über die Stelle und streichen von der Mitte nach außen. Dieses Bewegungsmuster ähnelt einer primitiven Zeichnung der Sonne mit ihren Strahlen.

Bei der zweiten Methode machen Sie die gleichen Bewegungen mit dem Daumen.

Die heilende Energie des Feuers

Die Energie des Feuers ist explosiv. Sie fließt nach oben und durchdringt alles.

Traditionelle chinesische Ärzte verwenden Wärme, um Gift aus dem Körper zu leiten. Einst verschlossen sie ein Bambusrohr an einem Ende und legten es ins Wasser. Bei Bedarf erhitzten sie das Innere und legten das Rohr auf die kranke Stelle. Wenn die Wärme vom Inneren des Rohres zur kühlen Oberfläche floß, entstand ein heißes Vakuum, das Gift aus dem Körper zog. Heutzutage benutzt man dafür kleine, heiße Glasschalen.

Wenn Sie durch Chi Kung Ihre innere Energie vergrößert haben, erreichen Sie eine ähnliche Wirkung mit der Wärme Ihrer Handflächen. Legen Sie die Hände auf die betroffene Stelle, und ziehen Sie sie abrupt zurück, als zögen Sie ein Heftpflaster ab. Die Hände ziehen dann wie Magneten blockierte Energie aus der Haut oder dem tieferen Gewebe.

Diese Behandlung hat keine unerwünschten Nebenwirkungen. Um festzustellen, ob sich eine Schlange in einem Loch befindet, schiebt man einen Stock hinein, und um ein verborgenes Gift zu entfernen, läßt man es in die Haut hochsteigen, zum Beispiel in Form eines Pickels.

Stützen Sie den Körperteil mit einer Hand, und massieren Sie ihn mit der anderen. Legen Sie die Hand fest auf die betroffene Stelle, und drücken Sie mit der Handfläche darauf. Ziehen Sie die Hand dann plötzlich und kraftvoll nach oben weg, als wollten Sie eine verstopfte Leitung mit einem Sauger reinigen. Wiederholen Sie das mehrere Male.

Die heilende Energie der Erde

Während die Erde um die Sonne kreist, beschreibt sie eine Ellipse und bleibt immer auf derselben Ebene. Diese ruhige, ständige Bewegung nutzen wir bei der Erd-Energie-Massage, die den Körper entspannt und den Geist beruhigt.

Eine Chi-Kung-Massage wird oft mit der Erd-Energie-Massage abgeschlossen. Sie beginnt mit einem sanften Aufwärmen und bietet zum Schluß eine entspannende Abkühlung.

Stützen Sie den betroffenen Körperteil mit einer Hand, und massieren Sie ihn mit der anderen. Wenn Sie eine größere Fläche massieren, zum Beispiel den Rücken oder den Bauch, benutzen Sie beide Hände.

Sie können unter zwei Massagetechniken wählen. Die Wahl hängt von den Konturen des Körperteils und von Ihren Präferenzen ab. Sie können auch beide Methoden kombinieren.

Bei der ersten Technik machen Sie gleichmäßige, kreisförmige Bewegungen auf der verletzten oder schmerzenden Stelle und in deren Umgebung. Massieren Sie im Uhrzeigersinn oder in die andere Richtung, je nachdem, was Ihnen natürlicher vorkommt.

Bei der zweiten Methode bewegen Sie die Hand seitlich vor und zurück, als wollten Sie eine Fläche abstauben.

Benutzen Sie die ganze Handfläche und die Finger. Ihre Berührung sollte angenehm und warm sein und ein Gefühl der Sicherheit vermitteln.

DIE
HINDERNISSE
BESEITIGEN

Blutergüsse auflösen

Nach einem harten Schlag oder einer Verletzung entwickelt sich meist ein Bluterguß. Die dunkle Farbe geht auf das Blut zurück, das sich ansammelt. In der chinesischen Medizin ist das ein Zeichen dafür, daß die innere Energie, die mit dem Blut fließt, in das verletzte Gewebe strömt, um es zu schützen. Die Wunde ist eine Art Magnet, der Energie anzieht. Es ist ein Wunder, daß der Körper sich auf natürliche Weise selbst heilen kann.

Die innere Verspannung kann jedoch dazu führen, daß die Energie sich staut. Darauf deuten das stagnierende Blut, die Schwellung und die Schmerzen hin.

Mit der Erd- und Holz-Energie-Massage können Sie die Verspannung lösen und die blockierte Energie zerstreuen.

1. Metall-Energie
Wenn die innere Energie in das verletzte Gewebe fließt, so entspricht dies der Bewegung, die wir „metallisch" nennen. Die Energie strömt aus der Umgebung dorthin, wo sie gebraucht wird. Das ist die nach innen gerichtete Bewegung der Metall-Energie; sie gleicht einer Karawane, die einen Kreis bildet, um sich gegen Feinde zu verteidigen.

BLUTERGÜSSE
AUFLÖSEN

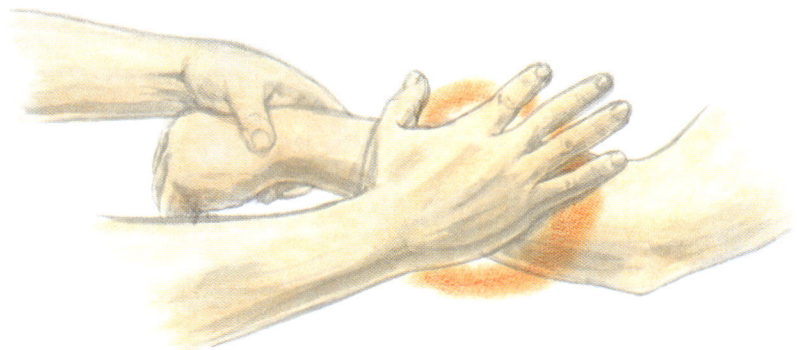

2. Erd-Energie
Die Chi-Kung-Massage beginnt immer damit, daß Sie Ihren Energiepegel anheben (siehe Seite 112 - 113). Stützen Sie dann die verletzte Stelle, wenn möglich, mit einer Hand, oder legen Sie die unterstützende Hand an die Körperseite, die der Wunde gegenüberliegt. Machen Sie ein Dutzend beruhigende, langsame Kreisbewegungen mit offenen, entspannten Händen.

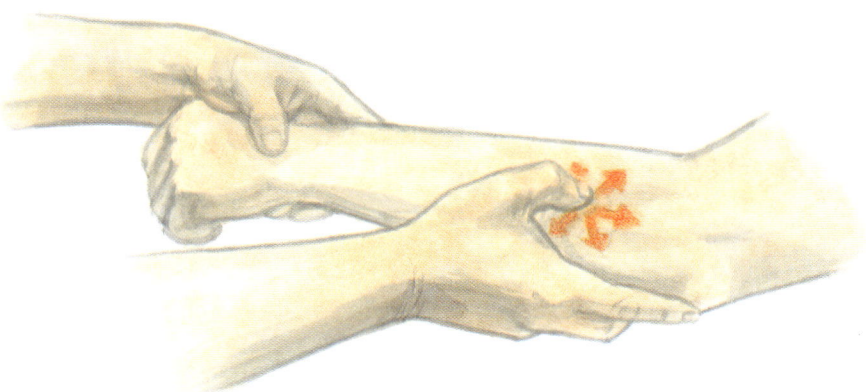

3. Holz-Energie
Diese Massage soll Energie zerstreuen, die nicht für die Heilung benötigt wird und sich unterhalb der Haut angesammelt hat. Dazu bewegen Sie Ihre eigene Energie von der Mitte nach außen, also nach dem Muster der Holz-Energie. Halten Sie die Hand so, daß der Daumen die kranke Stelle gleichmäßig und kräftig massieren und Energie herausziehen kann.

DIE
HINDERNISSE
BESEITIGEN

Zerrungen und Verstauchungen behandeln

Es kann sehr schmerzhaft sein, wenn wir uns durch eine plötzliche, heftige Bewegung einen Muskel, ein Band oder eine Sehne zerren. Oft kommt es zu einer inneren Blutung und einer sichtbaren, sehr empfindlichen Schwellung.

Das Chi fließt dann spontan zum verletzten Gelenk, sammelt sich dort an und erzeugt Wärme. Nahrungsmittel, die den Chi-Fluß hemmen – z. B. Bier, scharfer Paprika, Ente und Essig –, verschlimmern den Zustand.

Die folgenden Massagetechniken tragen dazu bei, die aufgestaute Energie zu befreien, Schmerzen zu lindern und die Schwellung zu reduzieren.

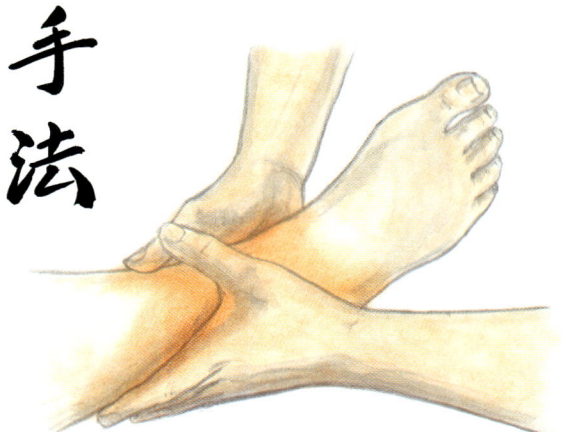

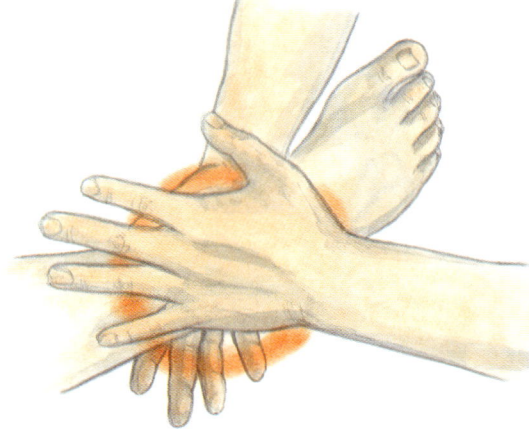

1. Zwei Pole
Leiten Sie Chi in Ihre Hände (siehe Seite 112 – 113), und legen Sie dann beide Hände eine Minute auf das verletzte Gelenk. Es befindet sich dann in einem heilenden Kraftfeld.

2. Erd-Energie
Stützen Sie das Gelenk mit einer Hand, und machen Sie mit der anderen gleichmäßige, sanfte Kreise auf der verletzten Stelle. Massieren sie kräftig, aber nicht so intensiv, daß die Schmerzen noch stärker werden.

ZERRUNGEN UND
VERSTAUCHUNGEN
BEHANDELN

3. Wasser-Energie
Um die Schwellung zu reduzieren, legen Sie die Hand auf die Verletzung und lassen sie vibrieren, als wollten Sie Signale aus der Haut nach innen zu den Muskeln und Knochen senden.

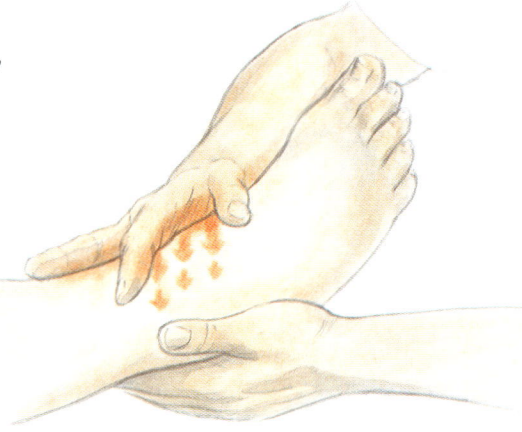

4. Holz-Energie
Um überflüssige Energie zu zerstreuen, die sich angesammelt hat, streichen Sie mit der Handfläche mehrere Male von der Mitte der Verletzung nach außen. Wenn die Stelle nicht zu empfindlich ist, können Sie auch mit dem Daumen massieren.

5. Erd-Energie
Beenden Sie die Massage mit gleichmäßigen, sanften Kreisbewegungen beider Hände über die gesamte verletzte Stelle.

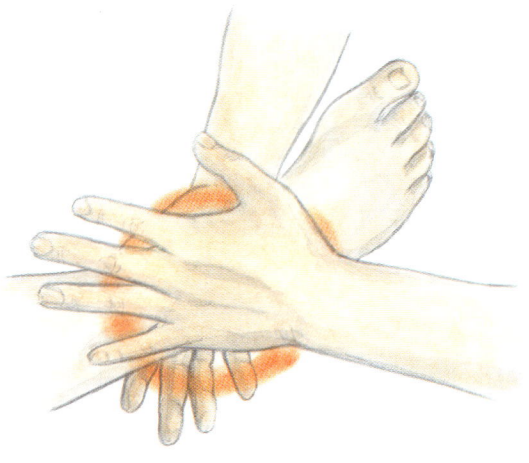

DIE HINDERNISSE BESEITIGEN

Rückenschmerzen lindern

Zu den häufigsten Ursachen von Rückenbeschwerden gehören Muskelzerrungen durch das Heben schwerer Gegenstände, Verletzungen durch Stürze, ungeschickte Bewegungen der Wirbelsäule, aber auch eine falsche Haltung, seelische Probleme und Streß aller Art.

Bandscheibenvorfall und andere Schäden der Wirbelsäule müssen von Spezialisten behandelt werden. Ein Chi-Kung-Experte kann die Therapie jedoch mit der nachfolgend beschriebenen Massage unterstützen. Wenn die Beschwerden weniger ernst sind, genügt es oft, sie mit dieser Massage zu lindern.

1. Zwei Pole
Leiten Sie Chi in Ihre Hände (siehe Seite 112 - 113), und legen Sie dann beide Hände je eine Minute auf beide Seiten des Rückens, dort, wo die schmerzende Stelle sich befindet.

2. Erd-Energie
Beschreiben Sie nun mit beiden Händen Kreise auf der gesamten schmerzenden Stelle. Dadurch lindern Sie Verspannungen im Gewebe und in den Muskeln und beruhigen den Kranken. Ohne diese Entspannung ist die Massage der Muskeln schwieriger.

RÜCKEN-
SCHMERZEN
LINDERN

3. Holz- und Wasser-Energie

Legen Sie eine Hand als Stütze bequem auf den Rücken, und machen Sie mit der anderen kräftige, vibrierende Bewegungen von der Mitte der betroffenen Stelle nach außen.

Die Vibrationen sollten in den Rücken „sinken" (wie Wasser), und die nach außen gerichteten Bewegungen sollten überflüssige Energie herausziehen (wie Holz).

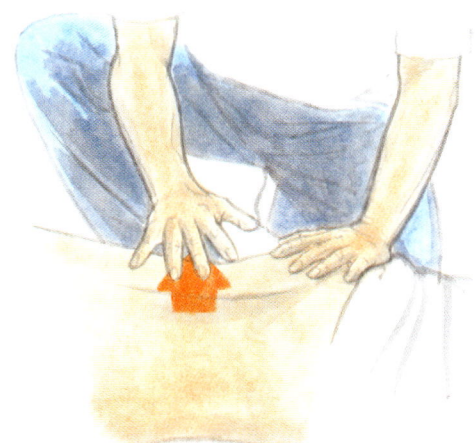

4. Feuer-Energie

Der Rücken ist so stark, daß die Stelle mit der blockierten Energie und den Schmerzen meist sehr tief reicht. Pressen Sie die ganze Hand mehrere Male unmittelbar auf die schmerzende Stelle, und ziehen Sie sie plötzlich zurück, als wollten Sie mit einem Sauger einen verstopften Abfluß befreien.

5. Erd-Energie

Beenden Sie die Massage mit gleichmäßigen, sanften, kreisförmigen Bewegungen. Dabei liegen beide Hände auf der schmerzenden Stelle.

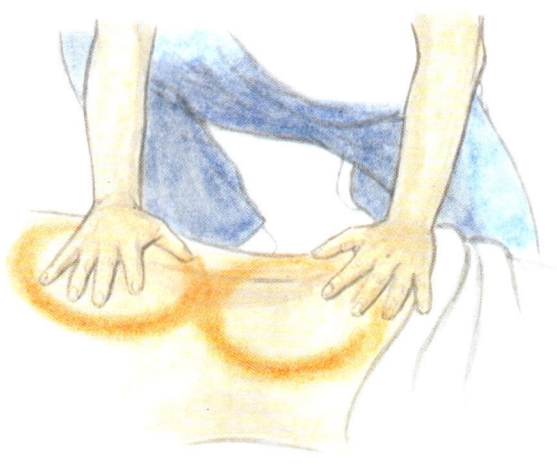

DIE
HINDERNISSE
BESEITIGEN

Kopfschmerzen lindern

Kopfschmerzen können viele Ursachen haben, doch die Folge ist, daß sehr viel Energie hinauf in den Kopf strömt oder daß sich Energie im Kopf staut, so daß das Gehirn nicht genug Blut und Sauerstoff bekommt. Manche Kopfschmerzen sind die Folge von Verletzungen; sie müssen von Spezialisten behandelt werden. Bei gewöhnlichen Kopfschmerzen hilft die folgende Massage.

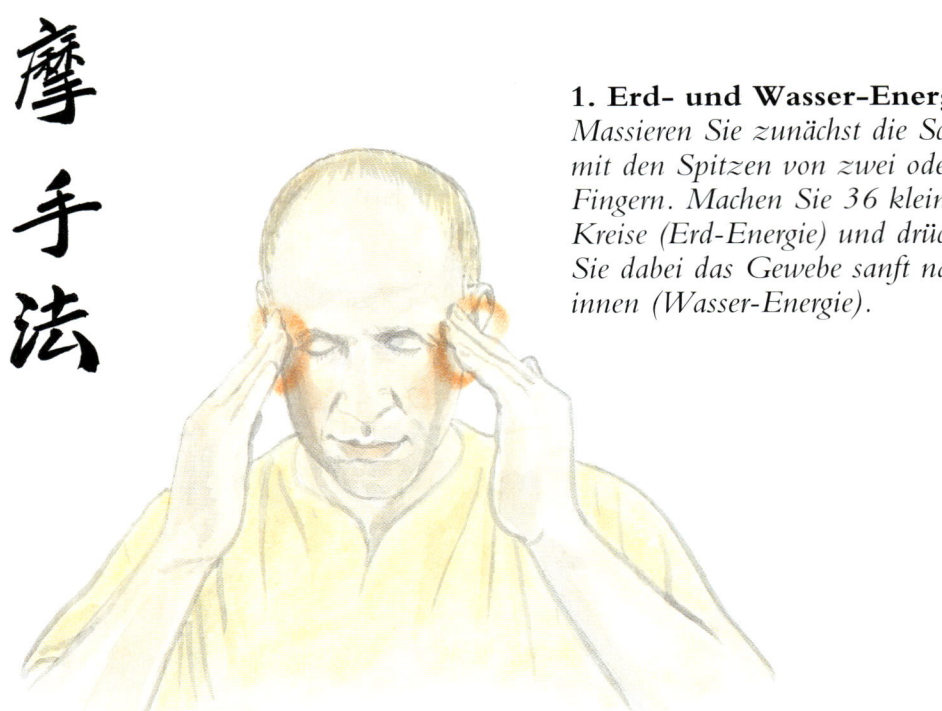

1. Erd- und Wasser-Energie
Massieren Sie zunächst die Schläfen mit den Spitzen von zwei oder drei Fingern. Machen Sie 36 kleine Kreise (Erd-Energie) und drücken Sie dabei das Gewebe sanft nach innen (Wasser-Energie).

KOPFSCHMERZEN
LINDERN

2. Holz-Energie
Um blockiertes Chi zu befreien, massieren Sie mit den Fingern kräftig die Schläfen und den Bereich hinter den Ohren; dann massieren Sie abwärts bis zur Schädelbasis im Nacken. Wiederholen Sie diese fließende Bewegung sechsmal.

3. Erd- und Wasser-Energie
Massieren Sie beide Seiten des Nackens unterhalb der Schädelbasis mit den Spitzen von zwei oder drei Fingern. Beschreiben Sie 36 kleine Kreise (Erd-Energie), und drücken Sie das Gewebe dabei sanft einwärts (Wasser-Energie).

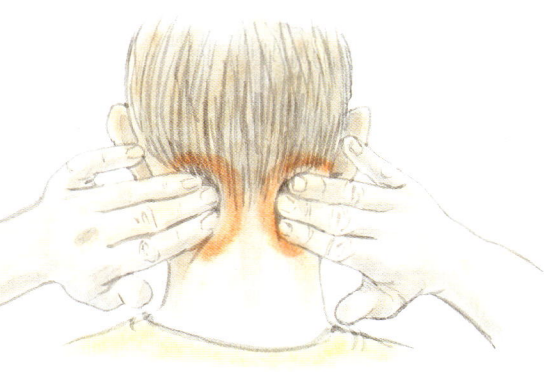

4. Erd-Energie
Reiben Sie die Hände aneinander, bis sie warm sind. "Waschen" Sie sich dann den Kopf und das Gesicht mit den Händen. Machen Sie etwa eine Minute lang feste, kreisförmige Bewegungen überall auf dem Kopf und im Gesicht.

反樸歸真

TEIL FÜNF

RÜCKKEHR
ZUR
QUELLE

Wieder gesund werden

RÜCKKEHR
ZUR
QUELLE

Einführung

Wenn wir die Energie wiederherstellen, stabilisieren wir im Grunde nur die Natur. Dann kehrt die Energie spontan zurück. Erzwingen läßt sich das nicht.
LIU I-MING

Wenn Sie sich krank oder schwach fühlen, herrscht oft Energiemangel im Organismus. Sie sind körperlich erschöpft, lustlos, deprimiert oder verwirrt. Mit anderen Worten: Ihr Tan Tien enthält zuwenig Energie (siehe Seite 26 - 27).

Diesem Energiemangel entspricht die symbolische Darstellung auf Seite 11 - 12:

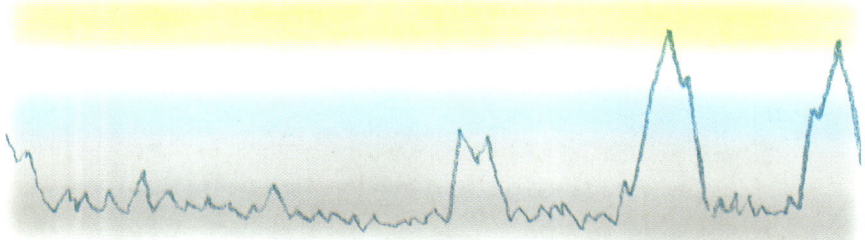

Dieser Zustand kann viele Ursachen haben. Vielleicht hat eine Infektion oder körperliche oder seelische Belastung Ihre Energie erschöpft.

Manchmal ist die Energie in einem Körperteil blockiert und sammelt sich dort an. Diese Energie fehlt dann dem übrigen Körper. Ein Beispiel dafür ist die Migräne: Pochende, starke Energie ist im Kopf blockiert, während der übrige Körper schwach und erschöpft ist.

Gymnastik oder Sport ist das letzte, worauf Sie Lust haben. Sie haben nicht einmal Energie für einen Spaziergang. Hier kann Chi Kung helfen.

In diesem Teil des Buches zeige ich Ihnen, wie Sie Ihr Chi-Reservoir auffüllen und durch den ganzen Körper fließen lassen. Sie können dabei im Bett liegen, sitzen oder körperliche Übungen machen.

Auf dem Weg zur Genesung werden Sie wahrscheinlich bisweilen die Grundübungen im Stehen (siehe Teil eins) machen wollen. Seien Sie vorsichtig – selbst diese Übungen können Sie ermüden, wenn Sie noch nicht bereit dafür sind.

Sie können sich bei den folgenden Übungen an eine Wand lehnen oder, wenn das Stehen Ihnen schwerfällt oder Sie sich schwindelig fühlen, im Sitzen oder Liegen üben.

Vielleicht sind Sie mitunter zu schwach, um Übungen im Stehen zu machen. Das muß nicht körperliche Schwäche sein; es ist auch möglich, daß Sie seelisch erschöpft sind. Lehnen Sie sich in diesem Fall an eine Wand, oder üben Sie sitzend oder liegend.

Versuchen Sie, mit Chi Kung weiterzumachen. Es sollte Sie auf Ihrer Reise begleiten – wenn es Ihnen gut geht, aber auch wenn Sie Probleme haben.

RÜCKKEHR ZUR QUELLE

Die Unsterblichen

Diese drei Figuren, die "Unsterblichen", symbolisieren unseren Wunsch nach Gesundheit und Glück. Dieser Wunsch ist unstillbar, einerlei, ob wir gesund oder krank sind, und er entsteht in jeder Generation neu. Als Individuen sind wir sterblich; doch unsere Sehnsucht endet nicht mit dem Tod.

Die Figur links ist das Sinnbild des Glücks. Sie hält ein Kind im Arm: das Produkt der geschlechtlichen Vereinigung und die Hoffnung der Familie.

Die mittlere Figur trägt das Gewand eines hohen Beamten am kaiserlichen Hof. Er hält ein Zepter, ohne das man ihn nicht in die Nähe des Kaisers lassen würde. Diese Gestalt symbolisiert Erfolg und Fülle.

Die Figur rechts verkörpert das lange Leben. Sie trägt einen frisch geschnittenen Ast mit reifen Pfirsichen, ein uraltes Symbol der Langlebigkeit. Wir wollen nicht nur lange leben, sondern dabei auch gesund bleiben, also viel Lebenskraft haben.

Die eindrucksvolle Holzschnitzerei auf der gegenüberliegenden Seite stammt aus China und dürfte Jahrhunderte alt sein. Ihre Güte läßt darauf schließen, daß sie das Lebenswerk eines einzigen Holzschnitzers ist. Während der berüchtigten Kulturrevolution wurden diese „Unsterblichen" in einer kleinen Küche versteckt. Heute schmücken sie ein Restaurant in Londons Chinatown.

Unser sehnlicher Wunsch nach Glück und langem Leben ist ein Ausdruck der Lebenskraft in uns. Wenn wir Chi Kung üben, stärken wir diese Kraft und damit die Lebensfreude und die Vitalität.

RÜCKKEHR ZUR QUELLE

Das Chi sammeln

Vielleicht gehören Sie zu den Menschen, die im Bett liegen müssen, weil sie krank sind oder sich von einer Operation erholen. Auch dann können Sie Ihre Zeit nutzen, um Ihr Chi zu sammeln.

Ihre Einstellung zu den Übungen hat großen Einfluß auf Ihr Wohlbefinden. Sie sollten sich vorstellen, eine Phase der unsichtbaren Regeneration durchzumachen. Zur Zeit ist es Ihnen nicht möglich, Ihre normalen Aktivitäten aufzunehmen. Es ist, als seien Sie in den Mutterleib zurückgekehrt: Sie befinden sich an einem Ort, wo Sie innerlich wachsen.

Wenn Sie geschwächt sind, ist Ihr Chi dünn im ganzen Organismus verteilt. Jetzt ist es am wichtigsten, die vorhandene Energie zu bewahren, am besten, indem Sie Chi sammeln (siehe Seite 26 - 27).

Legen Sie die rechte Hand auf den Unterbauch. Wenn Sie die Seite des Daumens leicht auf den Nabel legen, fällt die Handfläche von selbst auf den richtigen Platz. Legen Sie dann die linke Hand bequem auf die rechte.

Wenn Sie die Hände nicht oben auf den Bauch legen können, genügt es, wenn sie die Seiten des Unterleibes berühren. Tun Sie das, sooft Sie können, wenn Sie schlafen oder wenn Sie wach sind. Strengen Sie sich nicht zu sehr an. Bleiben Sie entspannt.

DAS
CHI
SAMMELN

Wenn Sie zu schwach sind, um aufzustehen, können Sie dennoch Chi sammeln. Legen Sie sich flach auf den Rücken, und legen Sie die Hände auf den Unterbauch, solange Sie diese Position durchhalten. Sie können wach sein, dösen oder schlafen.

Wenn Sie etwas kräftiger sind und aufstehen können, setzen Sie sich in einen bequemen Sessel. Versuchen Sie, nicht zusammenzusinken; das belastet die inneren Organe. Entspannen Sie sich, legen Sie die Hände auf den Bauch, und füllen Sie langsam Ihr Energiereservoir.

RÜCKKEHR
ZUR
QUELLE

Das Chi stärken

Selbst wenn Sie oft im Bett liegen müssen, können Sie die folgenden Chi-Kung-Übungen machen. Sie helfen Ihnen, nach und nach das Chi zu stärken.

Es gibt fünf Positionen. Die kleinen Unterschiede zwischen ihnen sind auf den Fortschritt, den Sie machen, zurückzuführen. Da jeder Mensch andere Fähigkeiten hat, sollten Sie auf Ihre ganz persönliche Weise üben. Wenn Sie krank oder schwach sind, nimmt Ihre Leistungsfähigkeit ab. Manchmal machen Sie große Fortschritte, ein andermal haben Sie das Gefühl, Rückschritte zu machen. Das ist normal. Richten Sie sich bei den Übungen einfach nach Ihrem jeweiligen Zustand.

Sie können mit der ersten Position anfangen und, nachdem Sie sie bis zu 5 Minuten durchgehalten haben, zur zweiten Position übergehen und diese weitere 5 Minuten durchhalten. Wenn Sie dann die dritte Position zu anstrengend finden, gehen Sie einfach zur ersten oder zweiten zurück und machen Sie ein paar Minuten weiter, ehe Sie aufhören. Sie können bei allen fünf Positionen so flexibel sein. Es ist nicht notwendig zu üben, bis die Stellung unbequem wird.

Konzentrieren Sie sich während der Positionen auf die heilende Kraft der Entspannung. Beginnen Sie mit den Augen, dem Kiefer und dem Hals. Fahren Sie dann mit den Schultern und Armen fort; spüren Sie, wie sie nach unten sinken, jedoch ohne die Position aufzugeben. Entspannen Sie den Brustkorb, und spüren Sie, wie der Unterleib ins Bett sinkt. Stellen Sie sich warmes Licht vor, das vom Kopf und vom Oberkörper hinunter bis in die Fußsohlen fließt.

DAS
CHI
STÄRKEN

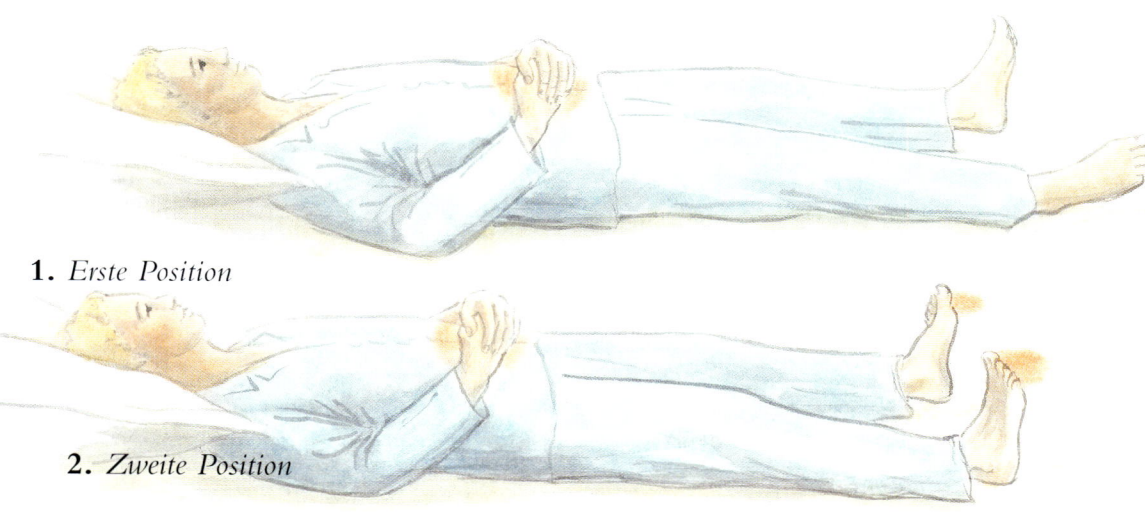

1. *Erste Position*

2. *Zweite Position*

1. Erste Position. *Legen Sie die Hände auf den Bauch (siehe vorige Seiten) oder neben den Bauch. In dieser Position sammeln und bewahren Sie Energie.*

2. Zweite Position. *Die Hände bleiben auf dem Bauch. Ziehen Sie die Zehen an, aber lassen Sie die Fersen auf dem Bett. Das regt den Energiestrom durch den Körper an. Wenn die Beinmuskeln ermüden, ruhen Sie sich aus. Wiederholen Sie die Übung, wenn Sie sich erholt haben.*

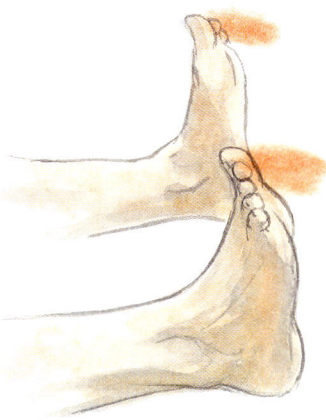

In der zweiten Position (oben) und in der fünften (Seite 145) ziehen Sie die Zehen an, so daß sie nach oben zeigen; die Fersen bleiben auf dem Bett. Dadurch trainieren Sie die Muskeln des Unterschenkels. Bleiben Sie in dieser Stellung, solange Sie können - anfangs vielleicht nur wenige Sekunden, wenn Sie schwach sind. Entspannen Sie dann die Füße. Wiederholen Sie die Übung, sooft Sie wollen, und versuchen Sie, jedesmal etwas länger durchzuhalten.

RÜCKKEHR ZUR QUELLE

Das Chi stärken - *nächste Stufen*

Sobald Sie die zweite Position (Seite 143) mit hochgezogenen Zehen einige Minuten durchhalten und für die nächste Stufe bereit sind, können Sie die Übungen auf der folgenden Seite versuchen, angepaßt an Ihre Fähigkeiten. Wenn eine Stufe Ihnen keine Mühe macht, gehen Sie zur nächsten über. Bei Bedarf können Sie auch eine Stufe zurückgehen.

Wahrscheinlich ändert sich Ihr Zustand von Tag zu Tag. Manchmal halten Sie eine Position nur kurze Zeit durch. Zwingen Sie sich nie, länger durchzuhalten. Denken Sie daran, daß das entspannte Üben an einem bestimmten Tag genau das sein kann, was für die Auflösung einer Energieblockade notwendig ist.

3. Dritte Position. *Die Hände bleiben auf dem Bauch. Beugen Sie die Knie, indem Sie die Füße zu sich heranziehen. Die Fußsohlen bleiben flach auf dem Bett. In dieser Position kann das Chi besser fließen. Wenn Sie müde werden, strecken Sie die Beine aus und entspannen sich.*

4. Vierte Position. *Beugen Sie die Knie wie in der 3. Position. Spreizen Sie die Finger, und halten Sie einen imaginären Ballon über dem Bauch. Die Ellbogen ruhen auf dem Bett. Dadurch stärken und beruhigen Sie Ihre Energie. Wenn Sie müde werden, legen Sie die Hände auf den Bauch und entspannen sich.*

5. Fünfte Position. *Beugen Sie die Knie, und ziehen Sie die Zehen hoch. Halten Sie den Ballon ein wenig über dem Bauch, und heben Sie dabei die Ellbogen hoch. In dieser Stellung fließt Ihnen neue Energie zu. Wenn Sie müde werden, senken Sie die Ellbogen und Zehen langsam, legen die Hände auf den Bauch und entspannen sich.*

Wenn Sie eine dieser Positionen beenden, können Sie mit der rechten Hand auf dem Unterbauch "Chi sammeln". Die linke Hand liegt auf der rechten. Wenn das nicht möglich ist, legen Sie sich bequem hin und legen die Hände an die Seite des Bauches.

DAS
CHI
STÄRKEN

3. *Dritte Position.*

4. *Vierte Position.*

5. *Fünfte Position.*

RÜCKKEHR ZUR QUELLE

Das Reservoir füllen

Wenn Sie stärker geworden sind, können Sie versuchen, die imaginäre goldene Kugel vor dem Bauch zu halten, während Sie im Bett oder im Sessel sitzen.

Wenn Sie im Bett sind, richten Sie sich so auf, daß Sie mit ziemlich geradem Rücken sitzen. Wenn notwendig, stützen Sie sich mit harten Kissen ab. Wenn Sie nicht sitzen können, sollten Sie mit gestrecktem Rücken liegen.

Wenn Sie in einem Sessel sitzen können, sollte dieser eine ziemlich gerade Lehne haben. Sinken Sie nicht in sich zusammen, damit der Rücken sich nicht krümmt und der Brustkorb nicht einwärts gepreßt wird. Mit der Zeit fällt es Ihnen leichter, gerade zu sitzen.

Halten Sie die Hände so, als hielten Sie eine große goldene Kugel auf dem Schoß. Die Finger sind leicht gespreizt und entspannt. Sie können die Handkanten auf die Oberschenkel legen oder die Hände ein wenig anheben.

Bleiben Sie in dieser Haltung, solange Sie können. Es ist am besten, wenn Sie an einem ruhigen Ort üben oder leise Musik hören. Ein offenes Fenster ist günstig, sofern das Zimmer nicht zu kalt oder zugig wird.

Gelegentlich können Sie auch fernsehen, Radio hören oder sich unterhalten, während Sie entspannt sitzen und die Kugel halten.

DAS
RESERVOIR
FÜLLEN

Wenn Sie ruhig sitzen und eine imaginäre goldene Kugel halten, werden die Hände zu Magneten, die heilende Energie aus der Umwelt anziehen.

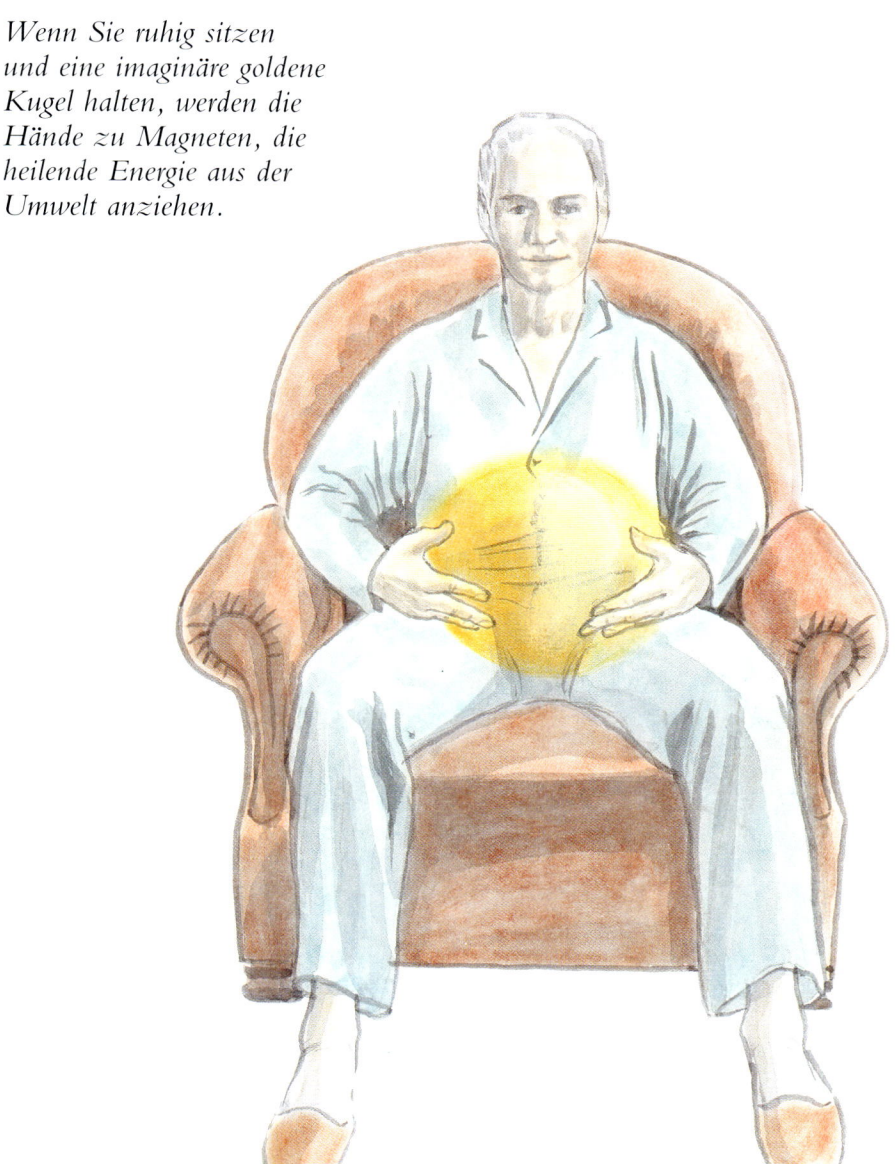

RÜCKKEHR
ZUR
QUELLE

Seide aus dem Kokon ziehen

Nachdem Sie Chi gesammelt (Seite 140 - 141) und gestärkt (Seite 142 - 145) haben, können Sie die folgende Übung probieren, um die Versorgung des Organismus mit Chi weiter zu verbessern. Sie basiert auf der Version auf Seite 52 - 53, ist hier aber für Menschen vereinfacht, denen es schwerfällt zu stehen.

Wenn Sie wegen einer Krankheit oder Verletzung nicht aufstehen können, setzen Sie sich entweder in einen Sessel oder richten sich im Bett auf. Halten Sie den Rücken möglichst gerade, wenn nötig, mit einem kleinen Kissen hinter dem Kreuz. Stellen Sie sich während der Übung vor, daß Sie stehen.

Bei dieser Übung fließt die Energie spontan vom außen in den Unterleib und dann durch den ganzen Körper bis in die Füße und Fingerspitzen. Bleiben Sie entspannt, bewegen Sie sich langsam und gleichmäßig. Ruhen Sie auch den Geist aus, und denken Sie nur an die Seidenfäden, die Sie behutsam aus dem Kokon ziehen.

SEIDE AUS DEM KOKON ZIEHEN

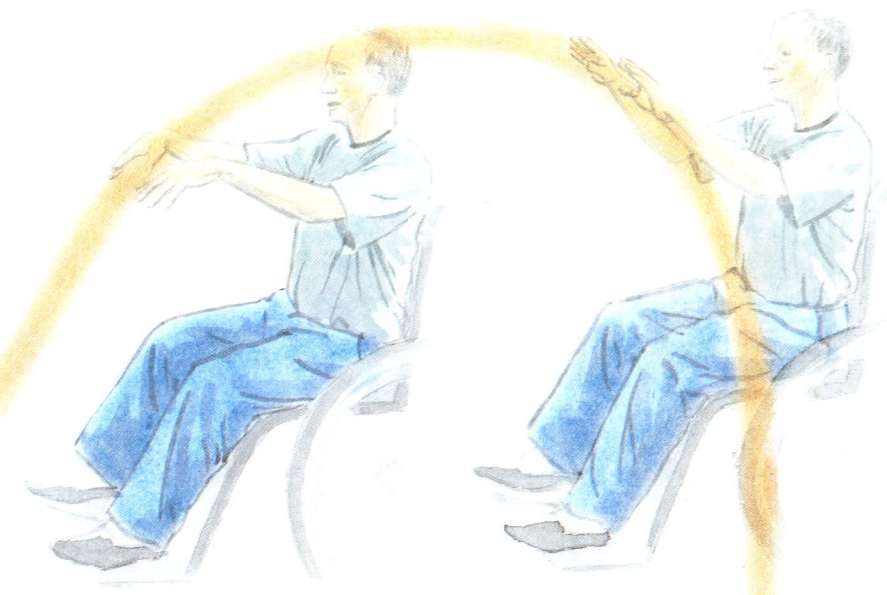

Diese Übung verdankt ihren Namen einem uralten Handwerk. Stellen Sie sich vor, ein zarter Faden ist an jeder Fingerspitze befestigt und Sie ziehen ihn ohne Unterbrechung aus dem Kokon. Das erfordert Sorgfalt, Aufmerksamkeit und stetigen Druck.

Legen Sie die Hände sanft vor den Bauch. Die Handflächen zeigen nach unten. Wenn Sie sitzen, befinden sich die Handflächen ein paar Zentimeter über den Schenkeln. Stellen Sie sich vor, Sie spulen mit den Fingerspitze Seide auf. Atmen Sie ein, und ziehen Sie die Hände langsam und weit nach oben. Entspannen Sie die Schultern und Arme. Diese Bewegung ist beendet, wenn die Hände sich in Kopfhöhe befinden und die Fingerspitzen nach oben zeigen. Atmen Sie nun aus, und führen Sie die Hände weit nach unten bis in Höhe der Taille. Üben Sie, bis Sie mehrere Minuten lang fließend und entspannt Fäden ziehen können.

Die ersten Bewegungen

Es dauert einige Zeit, bis Sie wieder genügend Energie haben und geschmeidig werden. Wenn die Genesung nicht vollständig ist, werden die inneren Batterien immer wieder leer. Es ist daher besser, jeden Tag im Sitzen oder Liegen zu üben (siehe Seite 140 - 148), selbst wenn Sie nur kleine Fortschritte machen. Sobald Sie kräftiger sind, ziehen Sie Seide aus dem Kokon (Seite 148 - 149). Wenn Ihnen diese Übungen ohne Anstrengung gelingen, können Sie zu den folgenden drei übergehen.

Lesen Sie zunächst sorgfältig die Anleitung, damit Sie die Bewegungen Ihren Bedürfnissen anpassen können. Es ist auch hilfreich, die Beschreibungen im ersten Teil des Buches zu lesen – vielleicht können Sie teilweise nach der ursprünglichen Version üben, sobald Sie mehr Energie haben.

Wenn Sie krank sind oder sich von einer Krankheit erholen und keinen qualifizierten Lehrer haben, müssen Sie sorgfältig auf die subtilen Botschaften achten, die der Körper Ihnen während des Übens sendet. Das häufigste Problem ist die Ungeduld: Sie sehnen sich so sehr danach, gesund und fit zu sein, daß Sie sich zu sehr anstrengen. Vielleicht fühlen Sie sich dabei kurzfristig besser; doch diese Wirkung ist nicht von Dauer, und die Energie schwindet rasch.

Wenn Sie spüren, daß die Zeit reif ist, können Sie versuchen, die Übungen im Stehen zu machen, wie in Teil eins beschrieben. Sollten Sie jedoch an irgendeinem Punkt merken, daß dies zu anstrengend für Sie ist, kehren Sie zu den folgenden einfacheren Versionen zurück und geben dem Körper mehr Zeit, seine innere Arbeit zu vollenden.

DIE ERSTEN BEWEGUNGEN

Das Chi wecken

Das sanfte Schwingen der Arme ist eine Grundübung für die Gesundheit, weil das Chi dabei durch den ganzen Körper strömt. In chinesischen Chi-Kung-Kliniken behandelt man mit dieser Übung viele Schwerkranke und Genesende. Meist wird die Übung im Stehen und ohne Stütze gemacht (siehe Seite 28 - 29), aber Sie können dabei auch sitzen oder sich anlehnen.

Schwingen Sie die Arme locker nach vorne. Die Finger sind leicht gespreizt. Lassen Sie die Arme dann zurückschwingen, bis sie von selbst zum Stillstand kommen, und nutzen Sie den Schwung, um sie erneut nach vorne zu führen. Machen Sie daraus eine sanfte, fließende Bewegung (denken Sie an ein Pendel). Belasten Sie die Arme nicht zu sehr, wenn sie schwach sind oder schmerzen. Selbst kleine Bewegungen sind hilfreich. Machen Sie bis zu 50 Schwünge, und steigern Sie sich allmählich bis zu 200, wenn Sie kräftiger sind.

Wenn Sie zwar stehen können, aber noch schwach sind, können Sie sich an eine schmale Stütze lehnen, beispielsweise an einen Türpfosten, so daß die Arme an beiden Seiten ungehindert schwingen können.

RÜCKKEHR ZUR QUELLE

Die innere Wärme stärken

Wenn wir frieren, klopfen wir oft den Körper, um uns zu wärmen. Für die chinesische Medizin ist Kälte ein Zeichen für schwaches oder blockiertes Chi. Mit der folgenden Übung sorgen Sie dafür, daß das Chi kräftiger fließt. Sie können dabei stehen (siehe Seite 30 - 31), sich an eine Wand lehnen, sitzen oder liegen.

Setzen Sie sich auf einen Stuhl ohne Armstützen. Entspannen Sie den Oberkörper, und lassen Sie die Arme locker hängen. Blicken Sie ruhig geradeaus. Fangen Sie nun an, mit entspannten Handflächen außen auf die Oberschenkel zu klopfen - nicht so stark, daß es weh tut, sondern liebevoll zu sich selbst. Atmen Sie natürlich. Hören Sie auf, wann Sie wollen, und steigern Sie sich allmählich auf 30 Klapse.

Sie können diese Übung im Bett machen, entweder flach auf dem Rücken liegend oder mit angezogenen Knien. In beiden Fällen sollten Sie imstande sein, auf die Oberschenkel zu klopfen.

Die innere Kraft stärken

Bei dieser Übung (siehe Seite 32 - 33) nutzen Sie den Druck auf die Fußsohle, um Chi durch den Körper zu pumpen. Sie können die Übung Ihrem derzeitigen Zustand anpassen, indem Sie sich setzen oder einen Tisch oder Stuhl als Stütze benutzen.

Stellen Sie sich neben einen Tisch oder Stuhl. Legen Sie die Hand auf den Tisch oder auf die Lehne des Stuhls, und stützen Sie sich darauf, während Sie üben.

Stehen Sie in schulterbreitem Stand. Die Zehen zeigen nach vorne. Verlagern Sie Ihr Gewicht auf den rechten Fuß, und stellen Sie sich vor, Ihr ganzes Gewicht sinkt durch die rechte Körperseite in den Boden. Heben Sie dann den linken Fuß hoch, aber nur so weit, daß Sie keine Beschwerden haben. Halten Sie die Sohle parallel zum Boden. Atmen Sie ein, wenn Sie den Fuß heben, und atmen Sie aus, wenn Sie den Fuß sanft auf den Boden stellen. Verlagern Sie nun Ihr Gewicht auf den linken Fuß, und heben und senken Sie den rechten Fuß wie beschrieben. Heben Sie die Füße anfangs jeweils sechsmal, und steigern Sie sich auf zwölfmal. Stehen Sie zum Schluß eine Minute still, und verteilen Sie Ihr Gewicht gleichmäßig auf beide Füße.

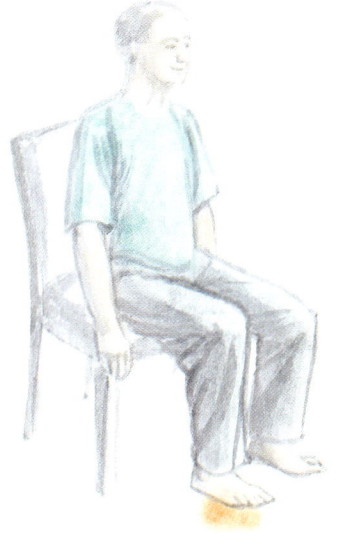

Sie können diese Übung auch machen, wenn Sie auf einer Stuhlkante sitzen, so weit vorne wie möglich. Blicken Sie geradeaus. Pressen Sie einen Fuß auf den Boden, und heben Sie den anderen ein wenig. Atmen Sie ein, während Sie den Fuß heben, und atmen Sie aus, wenn Sie ihn senken. Heben Sie die Füße anfangs jeweils 6 mal, und steigern Sie sich allmählich auf 12 mal.

Kristalle

Den Kristallen werden seit langem heilende Kräfte zugeschrieben. Im alten China legte man Schwerkranke auf ein Bett aus Kristallen. Die außergewöhnlich starken Schwingungen der Kristalle galten als therapeutisch wertvoll.

Die meisten Menschen spüren die Schwingung eines Kristalls, wenn sie ihn in der Hand halten. Manche Kristalle sind als Energiequelle so zuverlässig, daß man sie heute in Uhren und Raketenleitsystemen benutzt.

Natürliche Kristalle haben ihre besonderen Eigenschaften erworben, als sie Jahrtausende in der Erde lagen und sich dort formten. Sie schwingen mit der lebenserhaltenden Energie der Erde. Manche geben positive Energie ab, die das Wohlbefinden fördert. Andere sind Transformatoren, die schädliche Schwingungen aus der Umwelt absorbieren und unschädlich machen.

Sie können die Kraft eines Kristalls verstärken, wenn Sie ihn in eine Kristalldruse legen, wie das Foto auf der vorigen Seite zeigt. Der bewegungslose kleinere Kristall reagiert mit der Kristallstruktur, die ihn umgibt, und nimmt von ihr Energie auf.

Die in diesem Buch beschriebenen Heilprozesse haben eine ähnliche Wirkung. Das Meer der Energie in Ihrem Tan Tien gleicht einem kleinen, klaren Kristall im größeren Kristall Ihres Körpers. Vom ersten Augenblick des Lebens an verfügt er über eine ganz besondere Heilkraft, die noch größer wird, wenn Sie Chi Kung üben. Mit der Zeit wird die gesamte Substanz des Körpers geläutert, und Sie werden zu einem lebendigen Kristall: zu einem strahlenden Energiefeld.

ÜBER DEN AUTOR

Die Zhan-Zhuang-Tradition und Meister Lam

Die Tradition des Zhan-Zhuang-Chi-Kung hat eine über zweitausendjährige Geschichte. Sie wurde zunächst nur an Eingeweihte weitergegeben und erst in diesem Jahrhundert der Öffentlichkeit zugänglich gemacht. Der Großmeister, der sie offenlegte, war Wang Xiang Zhai (gesprochen Wang Schang Dschai). Er war seit seiner Kindheit durch ganz China gereist, um von den großen Meistern seiner Zeit zu lernen.

Der derzeitige Großmeister ist Professor Yu Yong Nian in Peking, ein Schüler von Wang Xiang Zhai. Professor Yu ist die führende Autorität des Zhan Zhuang in der Welt und hat vier Bücher darüber geschrieben. Vom ersten wurden in China 100 000 Exemplare verkauft, die anderen sind heute Sammlerstücke. Es ist ihm zu verdanken, daß die Heilkraft des Zhan Zhuang heute in chinesischen Kliniken anerkannt wird.

Professor Yu ist Mitglied des Rates der Gesellschaft für Chi-Kung-Wissenschaft in China und Berater der amerikanisch-chinesischen Chi-Kung-Gesellschaft.

In der oben abgedruckten handschriftlichen Erklärung schreibt Professor Yu: „Lam Kam Chuen ist mein Schüler. Er brachte das asiatisch-chinesische Gesundheitssystem des Zhang Zhuang als erster in den Westen. Im Jahr 1990 besuchte ich London, wo ich Menschen traf, die erfolglos mit der westlichen Medizin behandelt worden waren. Lam Kam Chuen machte sie mit unserer Zhan-Zhuang-Therapie gesund. Diese Menschen waren ihm und mir sehr dankbar. Lam Kam Chuen ging in den Westen und führte Zhan Zhuang ein, und zwar so, daß es zu einer fruchtbaren Wechselwirkung mit dem Gesundheitssystem des Westens kam."

ÜBER DEN AUTOR

Heute ist Zhan Zhuang auch außerhalb der chinesischsprachigen Welt etabliert. 1991 veröffentlichte Gaia Books Meister Lams bahnbrechendes Werk *The Way of Energy*. Professor Yu (hier mit Meister Lam bei der Vorstellung des Buches) hat seine Fortschritte aufmerksam verfolgt. Das Buch ist jetzt in vielen Sprachen auf der ganzen Welt erhältlich. Beide Meister sind auch in englischen Fernsehprogrammen aufgetreten.

Meister Lam schreibt: „Als Kind lernte ich in Hong Kong die klassischen chinesischen Künste kennen. Als ich Zhan Zhuang übte, spürte ich seinen Nutzen Tag für Tag. Dann hatte ich das Glück, in Peking bei Professor Yu Yong Nian studieren zu dürfen. Er teilte seine enorme Erfahrung mit mir und machte mich mit seinen Experimenten vertraut, die Chi Kung mit der westlichen Medizin kombinierten. Dank unserer gemeinsamen Forschungen konnte ich Zhan Zhuang in all seiner Tiefe ergründen und in meinem Leben nutzen. Ich bin davon überzeugt, daß diese Heilkunst allen Menschen helfen kann, und ich bin entschlossen, sie der ganzen Welt zugänglich zu machen."

Wer sich von Meister Lam beraten lassen oder an seinen Seminaren teilnehmen möchte, ist willkommen. Schreiben Sie an Master Lam Kam Chuen, The Immortals, Second Floor, 58-60 Shaftesbury Avenue, GB-London W1V 7DE. Mobiltelefon: +44-0831-802-598. Fax: +44-171-437-3118.

Register

A
Akupunktur 32

B
Bewegungen
  „Die acht Brokate" 61
  Das Chi wecken 28-29
  Die goldene Kugel rollen 54-57
  Die goldene Kugel stärken 96-97
  Greifen und zurückziehen 66-69
  Die innere Kraft stärken 32-33,153
  Die innere Wärme stärken 30-31,145
  Nach dem Schwanz des Sperlings greifen 66-73
  Schieben und stoßen 70-73
  Seide aus dem Kokon ziehen 52-53
  Der Tiger und der Berg 98-103
  Wie Wolken mit den Händen winken 62-65
  Zum Mond zurückblicken 58-61
Blutergüsse 126-127
Blutungen, innere 112

C
Chi 16,24-25,26
  zur Heilung 109-133
Chi Kung 18 siehe auch Positionen und Bewegungen
Chuang-tse 51,85,108

E
Energie 9-17
  innere (Chi) 16,24-25
  schwache 9,11,49,136
  starke 108
  Stärkung 30-33,137,152-153
  Wellenform 13
Energiebilanz, natürliche 16-17
Energiemuster 11-13
Energiespektrum 14-15
Energieübungen 18

F
Fünf Energien 109, 114-133
  Erde 115
  Feuer 115
  Holz 115
  Metall 114
  Wasser 114
  siehe auch heilende Energien

G
Geistesklarheit 109
Guan Tse 25

H
Heilen 16-19
  chinesische Einstellung 9-10, 16-19
  Massage 109-133
  Selbstverantwortung 17
Heilende Energien
  Erde 125,127-133
  Feuer 123,131
  Holz 121,127,129,131
  Metall 117,126
  Wasser 119,129,131-133
  siehe auch Massage
Humor 109

K
Kopfschmerzen 132-133
Krankheit 9,11,136-137
  Positionen und Bewegungen 140-153
Kristalle 155

L
Lächeln 77
Lam, Kam Chuen 156
Langes Leben 50-51

M
Massage 109-133
  segnende Hände 110-111
  zwei Pole 112-113,128,130
  siehe auch fünf Energien und heilende Energien
Muskeln
  Schmerzen 77
  Verspannung 16,77

N
Nervensystem 77

P
Pai Chang 110
Positionen
  Den Ballon halten 78-83,85
    ganze Sequenz 94-95
  Den Geist beruhigen 38-39, 77,144
  Nach außen öffnen 86-89
  Seitwärts ausstrecken 90-93
  Der volle Bauch 42-45
  Wu Chi 34-41
Pu Tai 110

R
Rückenschmerzen 130-131

S
Schmerzlinderung 112-113,119
Schwangerschaft 58
Schwellungen 112,119,128-129
Streß 16,22-23,62,77,130,136

T
Tai Chi 18,48,49
Tan Tien (Meer des Chi) 26,49,54,136
Tang-Dynastie 110

U
Unsterblichen, die 138-139

V
Verletzungen 16,126-129
Verspannungen 16,38-39,58,77, 125
Verstauchungen 128-129

W
Wan Xiang Zhai 109,156
Wu Chi siehe Positionen

Y
Yeuh Fei 61
Yu Yong Nian 109,156

Z
„Zehn Bilder vom Kuhhirten" 110
Zerrungen 128-129
Zhan Zhuang (Stehen wie ein Baum) 23,49,76-77
Zhan Zhuang Chi Kung 156
Zwei Kräfte 40-41
  Erde 40
  Himmel 41
Zwei Pole 112-113

Danksagung

Danksagung des Autors

Ich danke meiner Frau Kat Sin, die mich seit Jahren unterstützt, so daß ich Zhan Zhuang und chinesische Medizin praktizieren und lehren kann. Dankbar bin ich auch meinen drei Söhnen Tin Yun, Tin Yu und Tin Hun. Vor allem Tin Hun hat mit mir gemeinsam Chi Kung geübt und mir sehr geholfen, mein Verständnis zu vertiefen.

Die Verleger von Gaia Books, Joss Pearson, Pip Morgan und Patrick Nugent, waren immer für mich da, als dieses Buch entstand, und gaben mir die Freiheit, Chi Kung so darzustellen, wie ich es für richtig hielt.

Bei Bridget Morley, der Illustratorin, möchte ich mich für die hohen Anforderungen entschuldigen, die wir an sie gestellt haben, und ihr zugleich für das Ergebnis meine Anerkennung aussprechen.

Mein besonderer Dank gilt meinen Schülern, die Zhan Zhuang und Tai Chi mit Geduld und Hingabe studieren, um es in der westlichen Welt zu lehren.

Schließlich danke ich meinem Schüler Richard Reoch. Dank der Zusammenarbeit mit ihm konnte ich diese Heilkunst einem viel größeren Publikum vermitteln, als es mir allein möglich gewesen wäre. Wir haben gemeinsam versucht, Brücken zwischen den Kulturen des Ostens und des Westens zu bauen, aber auch zwischen dem reichen Erbe der Vergangenheit und dem Potential, das sich in der Gegenwart entfaltet.

Nachweis der Fotos

Deni Bown: alle Fotos von Meister Lam Kam Chuen beim Chi Kung; Ardea London Ltd.: S. 21, Ron und Valerie Taylor; Bridgeman Art Library: S. 114, 120; Schild, in Auftrag gegeben von den Händlern und Bankiers der Stadt als Geschenk an den Herzog von Wellington, entworfen von Thomas Stothard, hergestellt von Benjamin Smith um 1822 (Silber); Aspley House, The Wellington Museum, London/Bridgeman Art Library, London/New York; Oxford Scientific Films S. 104, Isaac Kehimkar Dinodia; Science Photo Library S. 8, Julian Baum, S. 84, Erich Schrempp, S. 107, NASA, S. 114, 118, Sinclair Stammers; Stock Market Photo Agency Inc. S. 47, 75, 135; Tony Stone Images Ltd. S. 115, 122, Richard Elliott, S. 115, 120, Rich Iwasaki; Sam Scott-Hunter S. 124, 138, 154

Weitere Bücher vom gleichen Autor

Lam Kam Chuen
Das Feng Shui Handbuch
160 S., großes Format,
300 Illustrat.
DM 36,– / CHF 33,– / ÖS 263,–
ISBN 3-928554-18-2

Lam Kam Chuen
Das persönliche Feng Shui
160 S., kart., großes Format,
300 Illustrat.
DM 38,– / CHF 35,– / ÖS 277,–
ISBN 928554-28-X

Weitere Bücher aus dem JOY Programm

Dr. Jes T. Y. Lim
Feng Shui & Gesundheit
228 S., kart., großes Format,
300 Illustrat.
DM 38,–, CHF 35,–, ÖS 277,–
ISBN 928554-29-8

Barbara Temelie
**Ernährung nach den
Fünf Elementen**
168 S., kart.,
mit großem Farbposter
DM 26,80 / CHF 25,– / ÖS 196,–
ISBN 3-928554-03-4

Dr. Michael Grandjan
Dr. Klaus Birker
**Das Handbuch der
Chinesischen Heilkunde**
224 S., kart., mit Illustrat.
DM 29,80 / CHF 27,50 / ÖS 218,–
ISBN 3-928554-19-0